大学と地域社会の連携

持続可能な協働への道すじ

渋谷 努 編

石風社

装画　黒田征太郎

はじめに

渋谷　努

本書は、中京大学社会科学研究所研究プロジェクト「大学と地域社会の連携」の3年間の研究成果である。

筆者たちは、前身のプロジェクトで『民際力の可能性』という小著を出版しているが、その書では、大学とNPOなどの市民活動団体の抱えている問題点と大学の果たすことができる役割、一市民としての研究者・大学教員の果たすことができる役割について考察した。その最後のまとめとして、今後の大学教員の果たすべき役割として次の3点を指摘した。

1　NPO／NGOの活動の具体的な詳細および当事者の生活実態を包括的に研究し、そこから得られる新たなサポートの方向性の提示

2　ＮＰＯ／ＮＧＯの次世代を担う人材の育成
3　ＮＰＯ／ＮＧＯと行政、地域社会をつなぐハブとしての役割

本書はこの指摘のうち三つ目の地域社会と連携する大学の問題点と可能性について論じる。

大学には、大学で生み出され大学に蓄積された知的資源を広く社会に提供していく役割があると、平成20年度の文部科学省の白書によって指摘され、大学の社会貢献が求められている。その具体的な例として「地（知）の拠点整備事業」によって地域の課題を自治体やＮＰＯと大学が意見交換をし、問題解決に取り組むことがある。さらに学生が地域社会に出て学ぶ機会を得るとともに、これまでの教員の個人的なつながりを制度化することによって、大学が地域社会に貢献することが求められていた。この事業に平成25年度には52件が採択され、26年度には26件が採択されている。平成27年からは、「地（知）の拠点大学による地方創生推進事業」となり、これを目的として、地域の問題を解決する手段としてこれまでよりも雇用により注目した形での事業を開始している。

これまでも、大学による社会貢献について論じる本はあり、特に理系学部による産学官による社会貢献に関するものは多数あった。それに対して本書で取り上げるような人文・社会科学による地域社会との連携について取り上げたものは、それほど多くはないが、それぞれの大学の取り組みを紹介したものや、特色ある大学の取り組みを紹介したものなどがある。

これまでの研究では、大学と地域社会の関係を考えるにあたって、大学を一枚岩と捉え、自治体や

ＮＰＯ、地域住民との連携について論じている。しかし、改めて大学について考えた場合、そこには複数の側面を見出すことができる。大学が地域社会と連携を持つ場合を考えてみると、４種類の関わり方がある。

一つめは大学教員が、自分の研究の対象として地域と関わる場合である。例えば、都市開発を研究テーマとしている教員が、商店街の再開発や団地の地域おこしに関わる場合である。[1]

二つめは、大学が制度的に地域社会と関わりを持つ場合である。そのあり方としては、スタディツアーという形で、カリキュラムとして地元の企業と連携し、カリキュラム開発に関わる場合がある。制度として大学が地域社会と関わるあり方としては、その他には市民向け講座を開催したり、大学生と地域社会、それぞれのニーズを集約し、学生の活動を促すためのボランティアセンターを設置している場合がある。

三つめの大学と地域社会との関わり方としては、教員主導で、研究目的だけではなく、授業の一環として学生の教育を目的として地域社会と関わる場合がある。東北公益文化大学の試みの多くがそうであり（伊藤他、２００６、２００７）、その他の地域おこしの取り組みがそうであるように、教員の研究対象であったり学生の実習の場となる場合には、授業の一環として取り組まれることがある。

四つめは、学生の自発的な取り組みである。これは、サークルや部活という形をとることもあれば、

1　例えば、（陣内他編、２００７）、（ちば地域再生リサーチ編、２０１２）などを参照。

授業をきっかけにして、履修が終わった後も活動が続く場合などもある。

本論ではこのような大学内の主体となるアクターの違いが、地域社会との連携に対してどのような影響を持つのかを検討する。

本書の構成

本書では、最初に羅論文がこれまでの産学官（公）での取り組みについて概観する。それ以降の論文では、大学内のアクターの違いによる地域社会との連携のあり方に注目するために、大学のカリキュラムや大学と地域社会との公的制度としての関わり方（金論文、桑原論文）、授業を中心とした地域社会との関わり方（桑原論文、渋谷論文）、学生を主体とした地域社会との関わり方（成論文、石川・渋谷論文）の大きく3通りに分けて見ていく。

羅論文は、産学官（公）、特に学において人文・社会科学系学部や大学によるこれまでの取り組みの総括を行うとともに、今後の課題を指摘している。文系分野による産学公の連携の目的は、地域社会の様々なアクターが新しく結合することによって新しい価値や新しい問題解決法を創造し、実行するプロセスのことである。そして地域への貢献という意味だけではなく、学生への教育的な側面から言っても大きな効果があると指摘している。

しかし、そのようなアクターの連携によっても問題が生じることを羅は指摘している。連携の中でのリーダーシップは大学側、特に教員によるものが多い。しかし、それでは個人の力量や継続性に関して問題が生じるため、大学内での制度化が求められている。さらに、その連携から創造的な結果を生み出すためのマネジメントを行う担い手を誰がするのか、そしてそのような人材をいかに育てるのかである。また地域社会のアクターと大学とがより信頼関係によって結ばれる必要があり、それが制度化されることが望まれている。

金論文では、大学と地域の連携の中でも企業との連携の可能性と課題について論じている。特に大学のカリキュラムにもなり始めているスタディツアーにみる大学と地域社会の諸アクター（NGO、旅行会社）の連携に注目している。

教育プログラムが産学連携として成り立つには、企業やNGOが企画運営することに問題がないのかという課題が生じ、単なる分業体制やアウトソーシングだけではなく、プログラムの立案や運営などにも協力体制が構築される必要がある。

また大学というアクターの複数性をも指摘している。留学だけではなくスタディツアーの場合は、国際センターや留学センターといった大学の組織が企画・運営しているものもあれば、学部や学科によって公認され制度化されたものもある。スタディツアーが教育的に機能するためには、事前事後の指導が必要であり、それを可能にするためには大学側とカウンターパートとの緊密で継続的な関係が必要である事を指摘している。

桑原論文では、豊田市と大学との包括的連携協定が結ばれた中での、ゼミによる地域社会、特に行政との連携についてのケースを詳細に論じている。演習形態の授業であるゼミの中で、行政と連携した政策提言の課題が与えられた学生たちは、現在若者たちの人手不足が問題となっている消防団に着目し、学生向けの1日体験入団事業を企画運営していく。

そのプロセスで特徴的なのは、学生たちの作業を教員が支援するだけではなく、豊田市の複数行政部署が、定期的なメールで励まし、インタビューや相談にも頻繁に応じる形で学生たちの活動を支援している点である。そこから桑原は、学生たちの教育的効果を指摘するとともに、豊田市行政側の部署横断的な支援の重要さを指摘している。さらに、大学都市による包括連携協定という大学と地域社会の制度的な連携を結んだことが、学生の取り組みが実現可能となった大きなポイントであると指摘している。

渋谷論文では、外国にルーツを持つ児童の支援をしているＮＰＯ「まなびや＠kyuban」と大学生を中心としたボランティア団体「ニネイト」との連携の形を通時的に論じた。「まなびや」では小学生を主な対象としていたため、中学生以上の学習を助けることが困難であった。そこで、渋谷の授業でのゼミ活動の一環として、中学生に学習支援を行うこととした。

ただし、ゼミの受講生の数が少なかったこともあり、授業以外での学生を募集するようになったところで、リクルートの問題に直面したりしながらも、授業の枠を超えて中京大を中心とした大学生によるボランティア組織となっていった。しかし活動を続けるにつれて、学生たちは授業運営やリクルートなどで自分たちの限界に直面しつつも活動を続けることができた。

そこに変化が生じたのが、「まなびや」で育った子供たちが大学生や高校生となり、年少の子供たちの面倒を見る「まなびや青年部」ができたことである。これは、ＮＰＯ活動を長期に行ってきた成果であり、それによってＮＰＯ自身の活動にも幅をもたせることができるなど質的な変化をもたらすことになった。それは特に、「まなびや青年部」と大学生との関係から言っても、もはや「教え」「教えられる」関係ではなく、ともに多文化共生を学び実践する場になっていると渋谷は指摘している。

成論文では、３・１１後に、原発事故の影響がある福島に住む子供たちの支援活動をしている「雨にも負けずプロジェクト」と学生および市民の関わりについて論じている。このプロジェクトはＮＰＯ法人化していないが、長期休暇期間ごとに10日間または20日間、福島から愛知県春日井市に子供たちを招いている。これまで14回行い延べ４００人の子供たちが愛知県に来ている。

この活動を支えているのは地元の市民と学生たちであった。学生たちは自発的にこの活動に参加しており、彼らの多くは子供たちの世話をすることが主な目的だった。被災者支援のボランティアをしているという意識はそれほどなかったが、彼らの活動を見ていくと自分たちで計画立案、そして実施するまでのプロセスを任されており、その中で学ぶことが多かった。またボランティアとして参加している市民たちも、自分たちのネットワークの拡大とともに子供たちの成長とともに活動に関わっている学生たちの成長を見守っていた。そこから、遠距離からの被災地支援として有効であるとともに、参加学生への教育的機能を果たしていることを成論文は指摘している。

石川・渋谷論文では、豊田市保見団地でのＮＰＯによる地域活性化のための活動と大学生との連携について論じている。保見団地は１９９０年以降日系ブラジル人の集住地区として有名であり、これまでにも外国にルーツを持つ住民と日本人住民との間で関係改善のための取り組みが行われてきており、そのためのＮＰＯも結成されている。

その一方で、日本中の多くの団地と同様に保見団地も国籍を問わず住民の少子高齢化が進んでおり、また空き家の増加も問題となってきている。その中で、本章で取り上げる「保見ケ丘国際交流センター」は外国人支援を目的とした活動をしながらも、高齢化した団地の活性化にも取り組み始めている。

その地域活動に渋谷が関わり、それに加えて授業とは関係なく自発的に学生が加わるようになっている。学生たちに、支援しているという意識はなく、センターの活動に積極的に関わっている団地内に住む住民たちとの交流を「楽しみ」ながら、田植えや祭りに参加することで、若者不足である団地の活動に労働力を提供し活力を与えている。いわば、目的としてではなく結果として大学と地域社会が連携しているといえる。また、団地の住民にとっても、学生たちと触れ合うことで自分たちが住んでいる「地元」の再発見が起こりつつある。

このような自生的にできた学生と住民による連携であるが、石川・渋谷は、学生のリクルートをどうするのか、そして地域社会と大学との連携をどのように制度化するのかが今後の課題と指摘している。

以上のように、本書では大学内の様々なアクターと地域社会との連携の多様性を描き出し、それぞれの課題を指摘することを狙っている。先にも論じたように本書は、概念化を目指す研究書ではなく、すでに活動をしている人たち、これからしようとしている人たちにとって「使える」教科書であってほしいと思っている。本書の具体的な例から、地域社会での多様なアクターを社会貢献のために効果的に利用し、育成していくための課題と方策を見出していただければ幸いである。

引用文献
伊藤眞知子、小松隆二編　２００６『大学地域論』、論創社
伊藤眞知子、大蔵恒彦、小松隆二　２００７『大学地域論のフロンティア』、論創社
陣内雄次、荻野夏子、田村大作　２００７『コミュニティ・カフェと市民育ち』、萌文社
ちば地域再生リサーチ編　２０１２『市民コミュニティ・ビジネスの現場』、彰国社
渋谷努編　２０１３『民際力の可能性』、国際書院

大学と地域社会の連携◉目次

多文化共生から地域づくりへ
――保見地区におけるＮＰＯ活動の経緯と大学の関わりかた

学生を媒介とする文系の
産学公（官・NPO）連携と学び合う地域

羅　一慶

1　はじめに

産学公（官・ＮＰＯ）連携[1]に基づく研究・教育プログラムが地域発の産業・社会イノベーションを構築するための手段として注目されてから20年が過ぎた。異なるセクターのアクター（人と組織）同士の連携事業が、社会の様々な要素を新しい形で結合し、それまでにない新しい価値や新しい問題解決法を創造し、実行するプロセスを構築するための手段として、はたしてどれほど機能してきただろうか。その成果に関する客観的な評価はなされていないものの、産学公連携が大学と地域の将来に道を拓いてくれると考える気運は確かに高まりつつある。

グローバル化と少子高齢化がもたらす今後の社会構造の変化を鑑みれば、今後、各地域において、行政・企業にＮＰＯ法人などの非営利団体が大学と協働しながら起こす産業・社会イノベーションがますます強く求められるであろう。産業・社会イノベーションが内発的かつ自発的に引き起こされる社会的土壌（エコシステム）を創り上げるためには、当然のことながら、大学、企業、行政、非営利団体それぞれが個別に地域活性化のための施策を展開している状況を打破し、相互に連携して最大の成果を上げるような産学公連携の仕組みを組み立て直す必要がある。すなわち、大学の知識、技術、人材、ソーシャル・キャピタル（social capital）といった資源が地域発の産業・社会イノベーションを誘発する動力となるためには、これまでの産学公連携のあり方をイノベーションする必要がある。

本章の基本的な問題意識は、大学の文系分野[2]と地域の共創による産業・社会イノベーションを考える際、何より、学生の教育という視点で産学公連携の仕組みや構造をとらえたときにこそ、社会に対して大学ならではの最大の貢献（田辺、2011、4-5）を行うことができるという点にある。大学の研究成果をフィードバックできる学生の教育を「地域の中」で地域の企業・行政・非営利組織と協働して行うことは、地域が産業・社会イノベーションを引き起こす力を持つようになる社会関係の構築（エコシステムの構築）に最も効果的な手段であると考えるためである。

1　本章では、「産学官連携」と「産学公（官・NPO）」という用語を同時に使用する。後者の用語は、大学と地域の共創による地域再生を語る際に、NPO法人や社会的企業などが、社会イノベーションを担う重要な社会的アクターとして成長し、文系分野の大学と地域の連携において連携相手として登場することが多くなっていくにつれて、使われるようになった。そこで本章では、前者は主に理系分野における大学と地域との連携を示す時に使用し、後者は文系分野における大学と地域との連携を表す時に使うこととする。

2　ここで文系分野とは、文学部、心理学部、社会学部、法学部、教養学部、経済学部、経営学部、外国語学部、国際関係学部、宗教学部、芸術学部、総合政策学部など人文科学・社会科学系の学部を意味する。

そこで本章では、特に中京大学のような都市部の中規模及び大規模大学における文系分野の学生を含む産学公連携に注目し、地域発のイノベーションとそれを担う学生の自己実現がどのように重なり合うか、互いに歩み寄る糸口は何か、互いに学び合う地域をどのように創造していくかを考えていくことにしたい。より具体的には、①産学公連携における大学と地域の捉え方について日本社会の理解を分析する。そこで2節では、地域発の産業・社会イノベーションとは何かを問いかけながら、日本の大学と地域との関係に関する政策の変遷を理系分野と文系分野に分けて考察する。また同節では、日本の産学公連携の政策に関する分析を通じて、社会の大学に対する新しい需要がどのように変化してきたかに関する理解を深める。②大学イノベーションとは何かを問いかけながら、地域の中での教育を通じて、学生が地域にかかわる意義とその中で学生をどのように位置づけることができるのか、そして地域をどのように捉えることができるか、を考える。そのために、3節では文系分野における産学公連携の現状に関する先行研究を紹介し、4節では学生を含む産学公連携が人材育成と地域発のイノベーションに驚くべき効果をもたらす理由について論ずる。さらに同節では、地域再生を担う人材を育てるのではなく、人材がよく育つ土壌（人材育成エコシステム）を培うために、学生を含む産学公連携が解決すべき課題が何かについて考察する。③最後に、5節では、ソーシャル・キャピタル論（Putnam、１９９３）の観点から、学生を媒介とする産学公連携の望ましい仕組みとは何かを考えながら、再度プロデューサー型コーディネーターがイノベーション・エコシステム（産業・社会イノベーションを引き起こす社会的土壌）の構築において果たすべき役割についての理解を深め、結論にかえたい。

２　産学公連携に関する政策の過去と現状

１　理系分野における産学官連携に関する政策

20年程前から、大学と地域との関係についての風向きは変わってきている。その流れは、研究・教育を通じた社会貢献から産学官連携による社会貢献へ、大学の一方的な地域貢献から大学と地域の対等な協働による社会貢献へ、理系分野から文系分野における社会貢献へ、大学の研究力の社会還元から教育力の社会還元へ、教職員による人材育成から地域の様々なアクターが大学の教育過程に加担する方向へ、各研究室から全学的な取組みによる社会貢献へ、と変わってきている。それと同時に、産学官連携の目的も、目先の利益を求める傾向から地域のイノベーションシステム構築を求める傾向へ、産業イノベーションから社会問題の革新的な解決を可能にする社会イノベーションに向けての貢献へ、と変化してきている。

大学は教育と研究を本来的に使命としているが、大学に期待される役割も変化しつつある。それはグローバル化と少子高齢化による社会構造の変化に対応して変化してきた。始めに、その変化のリーダーシップを取っていたのは政府と産業界である。日本における大学と社会との密接な連携は、1995年の「科学技術基本法制定」を契機として本格的に始まる。そして、翌年の「産業活力再生特別措置法」の制定により、大学の理系分野における「産学官連携」は、大学と企業の共創による産業イノベーションの有効な手段となり、飛躍的に活性化することになった（池田、2012、67）。それ以降、理系分野における産学官連携に関する諸政策は、大学政策の側面と科学技術政策の側面という異なる二つのベクトルの要請を踏まえつつ進められてきたと言える（池田、2012、75）。産学官連携こそその有効な手段なのである（池田、2012、75）。

国や自治体の産学官連携に対する政策支援は、産学官連携を「大学のシーズ（技術等の知的資源）と社会のニーズのマッチング」と捉え、そのマッチングに従事することと理解されがちだった（澤田、2015、351）。この種の産学官連携には、「企業と大学の共同研究」「大学から企業への技術移転」「大学発ベンチャーの創出」の3領域があるとされ、その重要な目的は産業イノベーションであった。文部科学省が進めてきた産学官連携に関する主要な支援策は、①産学官連携を行う大学の体制整備等への支援、②自治体等を中心とする「地域の産学官連携によるイノベーション創出システム構築」への支援の二つである（池田、2012、70）。

理系の産学官連携は、大学の優れた研究成果をイノベーションにつなげるための仕組みとして位置付けられる。ここでイノベーションは「新たな発明・発見が経済・社会に大きな付加価値をもたらし、その変革につながること」[3]という意味で用いられている。この語が使われる多くの文脈においては、新たな発明・発見が変革を生じさせることになっている。しかし、理系分野における産学官連携の経験が重なっていくにつれて、社会過程としてのイノベーションも存在しうることに気づかれる。その結果、２０１０年ごろからは、産学官連携の新しい目標としてイノベーション・エコシステムの創出という課題が重視されることになる。イノベーション・エコシステムとは、経済と社会の様々な要素の多面的かつ継続的な相互関係によって成り立つ社会構造のようなものであり、イノベーションを創出する社会システム全体のことを意味する。

そこで２０１０年9月に文部科学省は、「イノベーション促進のための産学官連携基本戦略～イノベーション・エコシステムの確立に向けて～」を取りまとめ、今後の重点施策として、①産学官による「知」の循環システムの確立、②大学などによる産学官連携機能の強化、③産学官連携を担う人材の育成の三点を示すとともに、「教育・研究・イノベーション」の三要素の一体的推進について提言している（池田、２０１２、70）。

理系分野における産学官連携の新しい政策において重要なポイントは、産学官連携によるイノベーションのプロセスをマネジメントする専門人材の育成が重要な課題として挙がってきたことである

3　「研究開発システムの改革の推進等による研究開発能力の強化及び研究開発等の効率的推進等に関する法律」（平成20年法律第63号）においては、「イノベーションの創出」とは、新商品の開発又は生産、新役務の開発又は提供、商品の新たな生産又は販売の方式の導入、役務の新たな提供の方式の導入、新たな経営管理方法の導入等を通じて新たな価値を生み出し、経済社会の大きな変化を創出することをいう、と定義されている。

る（澤田、２０１５、359）。産・学・官はいずれも目的や立場が異なり、各々の目的に応じた組織体制や機能を有し活動を展開しているという理解を前提として、「地域社会の既存の物事や各アクターを尊重しつつ相互の関係を整え、あるいは全体として一層の効果を発揮させる」ことができるコーディネーターを確保・育成することが、産学官連携の効果を担保する重要な要素になったのである（池田、２０１２、67）。すなわち、教員とも事務職員とも異なる第三の職として産学官連携のマネジメントだけでなく、企画と事業化への実現までを担う有用なコーディネーターの確保・育成と位置づけが重要な課題となる（澤田、２０１５、352）。

ここで、特に注目に値するのは「プロデューサー型コーディネーター」の存在である（澤田、２０１５、356-358）。このタイプのコーディネーターの職能は、ただ企業の来訪を待つのではなく、自ら学術動向や社会ニーズを分析したうえ、企業などが関心をもてそうな教育プログラムや研究プロジェクトを提案し、それを実現するための事業を創出することである。すなわち、地域のニーズと大学のシーズ（技術等の知的資源）をマッチングするために産学官を「リエゾン」[4]するだけでなく、地域の潜在的ニーズと大学の潜在的シーズを掘り起こし、それが産業イノベーションに繋がるようプロデュースしていくことがプロデューサー型コーディネーターの固有の職務である。プロデューサー型コーディネーターには、一方では研究者のシーズとポテンシャルを企業や産業のニーズに応えられる方向にプロデュースし、他方では企業の資源を研究の質を高める方向にプロデュースしていく役割が求められる。また、プロデューサー型コーディネーターには、産学官連携の目的である新しい社会価値を「発見」するだけでなく、持続可能な形でその価値を「実現」・「創生」し、産学官連携のあり方までをイノベーションしていく役割が求められる。このようにプロデューサー型コーディネーターは、研究者個人など産学官連携の当事者の負担を軽減させる役割を果たし、異なるセクターの組織や個人の肯定的なシナジー効果を創出することで、産学官連携の社会的目的の持続可能な実現に貢献できる重要な機能を有する。

コーディネーターの重要な役割を視野に入れた産学官連携の政策は、２０１２年度から本格的に展開される。例えば、①東日本大震災支援を含む「地域イノベーション戦略支援プログラム」の推進とリサーチアドミニストレーター（URA: University Research Administrator）の確保・育成のための支援拡充のほか、②「大学発産業創出拠点プロジェクト」を２０１２年度から始めている。これらの事業は、大学などの外部に置く目利き人材（プロデューサー型コーディネーター）が地域を俯瞰して各大学などの有望なシーズを選び、研究開発支援と事業育成とを一体的に行う新たなタイプの支援であり、そこから新規マーケットを創出しようとする試みである（池田、２０１２、70）。

理系分野における産学官連携の経験から浮き彫りとなったコーディネーターの重要性は、その後、文系分野の産学公連携の政策である２０１３年度の「大学ＣＯＣ事業」や「大学ＣＯＣ＋事業」[5]に

4　リエゾン型コーディネーターは、企業からの申し入れに応じて適任教員を探索し、会合を司会して共同研究や有力コンサルティングへの展開を期することが主な役割である（澤田、２０１５）。

反映されることになる。例えば、文部科学省の大学ＣＯＣ＋事業の説明資料によれば、「大学ＣＯＣ推進コーディネーター」の役割として、①事業協働機関による教育プログラムや就職率向上プランの策定をコーディネートすること、②ＣＯＣ事業成果を連携大学等へ普及すること、③地方創生事業連携先を開拓すること、④他県のＣＯＣコーディネーターと協働して全国的なネットワークを構築すること等が挙げられている。大学ＣＯＣ推進コーディネーターが、プロデューサー型コーディネーターとしてどれほどの役割を果たしているのかは、大学ＣＯＣ事業や大学ＣＯＣ＋事業の成果を左右する要素であり、このことは今後の重要な分析課題でもあろう。

２　文系分野における産学公連携に関する政策

産学公（官・ＮＰＯ）連携における大学の社会的貢献の役割が理系分野だけでなく文系分野においても重視され始めたのは２００６年の「教育基本法」の改正以降である。この改正により大学の社会貢献の使命が「第三の使命」として法文上規定され、教育・研究と並んで社会貢献が明確に位置づけられることになったためである。一方、大学が社会貢献を行うための手段としての産学公連携については、教育基本法改正に先立つ２００５年1月の中央教育審議会答申「我が国の高等教育の将来像」において明示されている。ここで社会貢献とは、「狭義」には教育研究活動を通じた人材育成と知の創造がこれに当たるが、「広義」には教育研究の成果を社会に還元していく様々な活動が含まれると解され、そのための手段として「産学公連携」も社会人再教育や国際協力などとともに広義の社会貢献の有力な方策の一つとして位置づけるようになったのである（池田、２０１２、67）。この法改正により、産学公連携による大学の社会貢献は、文系分野においても大学の基本的任務として広く認識されるようになった。この法改正は、大学において文系分野においても「研究教育と社会とのかかわり」に対する意識を高めるきっかけになった点で意義が大きいと言えよう（池田、２０１２、67）。さらに、文部科学省が教育基本法の規定に沿って、２００８年度に、産学公連携の組織体制づくりと関連する同志社大学の取組について予算措置を行ったことで[6]、文系分野の社会貢献の有効な手段として、産学公連携が本格的に行われることになり、文理融合による産学公連携も活性化しだしている。

各大学は、その規模や立地条件、学部・研究科の構成、設置形態や組織体制等が極めて多様である上、中・長期的な将来構想も様々である。文部科学省は、２０１３年３月、大学の機能別分化を視野に入れ、人文社会分野における産学公連携に関する新施策を本格的に開始した。それが「大学ＣＯＣ事業」である。すなわち、この事業は「大学のガバナンス改革や各大学の強みを活かした大学の機能別分化を推進し、地域再生・活性化の拠点となる大学」（文部科学省、２０１３）を増やすための政策の一環として行われた。この事業の目的は、「大学が自治体と連携し、全学的に地域を志向した教育・

5　大学ＣＯＣ事業の正式名は「地（知）の拠点整備事業」であり、「大学ＣＯＣ＋事業」の正式名は「地（知）の拠点大学による地方再生推進事業」である。

6　文部科学省では、文系分野における産学公連携をも推進するために、２００８年度に「産学官連携戦略展開事業」を推進した。

研究・社会貢献を進める大学等を支援することで、課題解決に資する様々な人材や情報・技術が集まる、地域コミュニティの中核的存在としての大学の機能強化を図る」（文部科学省、２０１３）ことである。この事業に参加する大学は、「地域のための大学」として明確に位置付けられる。例えば、文部科学省が推進する大学ＣＯＣ事業や大学ＣＯＣ＋事業では、「大学が地域の要請にどう応えているか」「地域の中でどのような役割をはたしているか」といった地域貢献に対する取組みが大学の質を評価する重要な要素になっている。すなわち大学は、「地域の抱える課題を自らの課題として引き受け、当事者として主体的に取り組まなければならない存在」となっている。文部科学省は、大学ＣＯＣ事業の対象となる大学など高等専門機関の条件を次のように挙げている。①地域と大学等が必要と考える取組みを全学的に実施し、その際、計画期間中において、教育カリキュラム・教育組織の改革を行うもの、②地域を志向した大学等であることを明確に宣言し、また、地域の声を受け止める体制を整備するなど、全学的な取組であることが明確化されているもの、③大学等と自治体の対話の場の設定と自治体からの支援（財政支援、建物等の無償貸与、人員派遣等）など、大学と自治体が組織的・実質的に協力しているもの（文部科学省、２０１３）、が大学ＣＯＣ事業の対象となる。[7]

このような大学と地域との関係における変容の背景には、社会構造的な変化が存在している。文部科学省では、「急激な少子高齢化の進行、地域コミュニティの衰退、グローバル化によるボーダーレス化、新興国の台頭による国際競争激化など社会の急激な変化や、東日本大震災という国難に直面」した日本が、持続的に発展し活力ある地域社会を目指した改革の中核的な存在として大学イノベーションを求めざるをえなくなった、と大学ＣＯＣ事業の背景を説明している。また文部科学省では、「人口減少が地域経済の縮小を呼び、地域経済の縮小が人口減少を加速させる」という負のスパイラルに陥ることを防ぐために、地域発の産業イノベーションが求められることになったことを強調する。人口減少は大学にとっても大きな困難である。18歳人口の減少によって、受験市場における大学間の競争が激化され、私立大学にあっては志願者が大都市の大規模大学に集中し、地方の小規模大学には定員割れが広がっているためだ。

このような社会構造の急激な変化は、大学に対する新しい需要をもたらし、またそれは大学に対して新たな研究・教育の仕組みを求めている。実際にこれまでの産学公連携の仕組みの変化は、社会構造の変化に適応するために大学の新しい需要を見つけ出し、大学の新たな価値を創造する様々な試みによって行われてきた（田辺、２０１１、４）。小規模・中規模の地方大学が産学公連携にいちはやく積極的に取り組んできたのは生き残っていくための方策であったと言える。地方の小規模大学を中心に取り組まれた産学公連携事業が増加するにつれて、大学は地域に支えられている存在であり、大学

7　２０１３年度は３１９件の申請に対して52件が、14年度は２３７件に対して25件が採択され、いずれも5年間の事業を開始した。一方、15年度からは、「大学ＣＯＣ＋」事業とその名称が変わり、56件の申請に対して42件が採択されている。大学ＣＯＣ＋事業の申請件数は42件であるが、申請した大学などに連携している大学の数を合計すると２５６の高等専門機関（内大学は１９４校）が参加している。

が存続し続けるためには存立基盤である地域社会が健全であることが不可欠であるという認識も深まっていく。それと同時に大学にとっての地域コミュニティの重要性が見直され、その活性化が求められている中で、地方の小規模・中規模大学の文系分野の産学公連携が大学と地域が取組む緊急の課題として注目されることになる（吉田、２０１４、４-５）。

それでは、大学の文系分野に求められる新しい需要は何だろうか。また文系分野の産学公連携によって創出したい新しい社会的価値は何だろうか。理系分野とは違って、文系分野の産学公連携の目的は、第一に、収益には直結しないものの、地域における「産業イノベーション」だけでなく、「社会イノベーション・エコシステム」を構築することに先導的な役割を果たすことである。ここで社会イノベーションとは、「社会の様々な要素の新しい結合によって、それまでにない新しい価値や新しい問題解決法を創造し、実行するプロセス」のことである。社会イノベーションの地域環境を構築する上で、ＮＰＯや社会的企業などの組織が不可欠の要素としてその社会的影響力が高まっていくにつれて、大学の連携相手になるだけでなく、産学公連携をプロデュースするＮＰＯや社会的企業も増えていくことになる。このような新しい流れは、文部科学省の大学ＣＯＣ事業と大学ＣＯＣ＋事業によって、全国的なレベルで拡散することとなる。例えば、文部科学省の大学ＣＯＣ＋事業の説明資料によれば、大学に対する新しい需要について、「日本全国の様々な地域発の特色ある取り組みを進化・発展させ、地域発の社会イノベーションや産業イノベーションを創出していくことは、国の発展や国際競争力の強化に繋がり、大学は地方創生と関連して社会イノベーションを担う人材の育成や産業イノベーションの創出など重大な責務を有している」と明示している。さらに、このようなイノベーションを構築する際に、大学ＣＯＣ＋事業に参加する一つの大学だけでなく、その他の大学群と、地域の自治体・企業やＮＰＯ、民間団体等が協働し、地域産業を自ら生み出す人材（起業家や社会起業家）など地域を担う人材育成を推進していくことを強調している。

第二に、産業イノベーションと社会イノベーションを起こすエコシステムを構築することによって、地元の雇用創出と大学等卒業後の地方定住率を高めることが、大学に対する新しい需要として求められている。大学が中心となって産業・社会イノベーション・エコシステムを構築するためには、大学自らも「開放型の大学イノベーション」を起こす組織体制や教育カリキュラムの改革が不可欠の条件となる。文部科学省では、そのための取組みとして、次のような改革を大学側に奨励している。すなわち、①地域と協働し地域の中で学生がしっかり学び、地域の中で自らの人生と地域の未来を主体的に切り開く人材を培う大学改革である。例えば、体験授業を通じた社会との接続を意識したアクティブ・ラーニング等の教育を強化することなどの改革がその例である。②若年人口の東京一極集中を解消するために、在学中から授業等を通じて、地域の自治体・中小企業・ＮＰＯなどとの関わりを深める取組みや、地域産業を生み出す起業家塾や社会問題をビジネス的な手法で解決することができる社会起業家の育成塾を産学公連携で行う取組みを奨励することである。要するに、地域における社会イノベーションと産業イノベーションを担う教育を大学のみが行うのではなく、地域の様々なアクターの協力を得て行う「開放型の大学改革」によって、地元の雇用創出と大学等卒業後の地方定住率を高めたいということである。このように大学イノベーションと地域の産業・社会イノベーションは明確に重なる部分を持っており、互いに相互強化的な関係で結ばれていると言える。

文部科学省の働きかけとは別途に、地方の小規模・中規模大学は自らの存立のためにも地域との密接なかかわりを積極的に進めている。例えば、東北公益文化大学のように、地方の小規模・中規模大学では、産学公連携活動と研究・教育活動が地域と対等な立場で協働しながら、「全学的な一貫性」を持って進められ、その結果地域・企業の大学への理解もますます深まり、地域からの講師派遣やインターンシップによる教育活動の充実、大学への志願者増や学生の就職先開拓などにつながる事例が散見されるようになった（伊藤・小松、２００７）。すなわち、「産学公連携に基づく研究・教育を通じた社会貢献」と「行政・企業・ＮＰＯ等の地域による大学支援」の好循環が期待される大学が増え続けている（池田、２０１２、74）。

地域の中の大学として社会貢献を持続的かつ多面的に行っていくためには、大学全体が地域の異なるセクターに属する多様なアクターとより深い関係を構築することが必要となる（浦野、２０１４、71）。大学にとって、特に、文系分野の産学公連携は、地域の異なるセクター組織と多面的かつ持続的に関係性を深めることによって地域再生・地方創生に貢献するための手段である。それは、これまでの理系分野の産学官連携に多く見られる、大学の特定のシーズ（技術等の知的資源）を産業の特定のニーズに落とし込んで問題解決を図るといったものではない。それは、地域において価値観の異なる多様なアクターが主体となり、互いに対等な立場で地域イノベーションを共創していく仕組みである（吉田、２０１４、2-3)。地域の異なるセクターの組織が互いに共感・共鳴・協働を誘発するのに必要不可欠な存在として大学の役割が求められている。

産学公連携は、アクター同士を結びつけ、協調行動を誘発・活性化することが必要となってくるが、そうした中で、知の集積があり、教育機能を持ちながら、中立的立場でアクター同士を結びつけ、ネットワークを構築することができる大学の役割は大きい。その際、産学公連携の当事者達が互いに目先の利益を回収しようとする活動のみに興味を持つのであれば、産業・社会イノベーションを促す力は次第に失われてしまうだろう(友成、２０１１、217)。文系分野における産学公連携にとって大事なポイントは、連携の相手が互いに目先の利益のみを実現しようとするのではなく、地域の多様なアクター(人と組織)がかかわり学び合える重層的な社会関係性(ネットワーク)を構築することに力を入れることである。「学習する社会ネットワーク」は、地域政策のためのソーシャル・キャピタルとして機能する。それは新しい価値を創出する培地として機能し、賞味期限が切れてしまった既存の問題解決策を革新できる力を持ち蓄えることができ、新しいアイディアや政策を実現する際に動員できる資源の宝庫であるためだ。

3　文系分野における産学公連携の現状と課題

地域における文系の産学公（行政やＮＰＯ）連携の現状を、事例研究ではなく、アンケート調査によって実証的に把握している研究は、現在少ない。この中で、吉田健太郎によるアンケート調査の分析結果[8]（２０１４）は大変大切な研究成果であろう。吉田は、「文系産学官連携事業の実施状況」を主に産学公事業の窓口となる担当者と産学公連携の実施担当者に質問し、産学公連携の担当局や各研究室など個別に実施されている文系大学の産学公連携が実際に現場では、どのような分野において、どのような仕組みと方法によって展開されているのか、そこからどのような成果を生み出しているのか、その実態を明らかにすることを目的としている（吉田、２０１４、18）。

この調査結果によれば、近年において文系の産学公連携に取り組む大学の割合は増加基調にある。その傾向を細かくみると、大規模よりも小規模の大学[9]、文系単科大学よりも総合大学、都市圏よりも地方圏、私立よりも国公立の方が増加傾向にある。また、今後の文系の産学公連携に対する予算措置・組織作り・人員配置に関して、「行いたい」と考えている大学の傾向は、国公立が私立に比べ意欲的である（吉田、２０１４、22-23）。なお産学公連携を実施している大学における産学公連携の組織体制やインフラ整備の現状をみると、「大規模・国公立・総合大学」ほど、専門部署、専任スタッフの配置率が高い（吉田、２０１４、22-23）。しかしながら、産学公連携の主体である教員や学生へのインセンティブを提供している大学は、約半分にすぎない。中規模大学においては、産学公連携を促進するための様々なインセンティブの導入が比較的多く行われており、このことは中規模大学ほど産学公連携を活かして大学の地名度・認知度を向上しようとしているためであろう（吉田、２０１４、39）。一方、インセンティブを提供している連携実施校の場合、案件のマッチング・照会と予算措置が最も多い結果となっている（吉田、２０１４、39）。産学公組織体制におけるコーディネート機能は、プロデューサー型よりもリエゾン型が多数を占めていることが見て取れる。

一方、産学公連携を実施している大学側主体の現状をみると、「大学専門部署」が50％、「各研究室（教員のみ）」が42％、「各研究室（学生含む）」が46％とほぼ均等に分散している（吉田、２０１４、25‐26）。最近は、大学と自治体との交流協定や包括協定など自治体との戦略的連携を行い、産学公連携事業を行っている事例も中規模大学の中では増えている。本書の桑原英明（２０１５）の事例研究は、豊田市と中京大学総合政策学部の事例を取り扱っている。しかし、産学公連携において「リーダーシップを取っている」主体の現状をみると、「大学研究室（教員のみ）」が45％と最大であり、次いで「大学

8　実施期間は２０１２年5月から7月であり、回答者は文系分野における産学官連携事業の窓口となる担当者、及び、産学官連携事業の実施担当者である。対象者は６１８事例であり、有効回答数は１６９事例（27・30％）である。

9　大学の規模については、学生数が3千人未満の大学は小規模、3千人～1万人未満の大学は中規模、1万人以上の大学は大規模と分類されている。

専門部署」30％であるが、「大学研究室（学生含む）」6％に過ぎない（吉田、2014、26‐28）。また、産学公連携のイニシアティブをとっている主体の現状をみると、大学側からの働きかけが多く、特に大学の「研究室（教員）」が46％と約半数を占めており、「研究室（学生含む）」は10％にすぎない（吉田、2014、35）。そして、産学公連携の契機をみると、大学側の組織体制よりも、各教員の持つ人的ネットワークが最も重要であり（吉田、2014、35）、特に、中規模大学の場合、実践教育やゼミ活動の延長、ビジネスコンテストなど「人材育成」そのものを契機とする「研究室」主体の産学公連携が多く見られる（吉田、2014、37）。

これまでの調査結果から、文系の産学公連携のイニシアティブやリーダーシップは、地域のアクターよりは大学、とりわけ教員や研究室によって発揮されていることが多いと分かる。しかし、そのような教員主体の産学公連携の効果を高め持続させるために、政策的インセンティブを積極的に提供している大学は多くないことが見て取れる。さらに、産学公連携のコーディネーターや専任スタッフが十分に整っている大学は少なく（吉田、2014、47‐48）、教員の個人的な負担を軽減するための積極的な組織体制が整っていないのが現状である。例えば、理系の産学官連携事業と同様に、コーディネーターが配置されている場合においても、教員とともにコーディネーターが教育プログラムの創出にかかわり、教育プログラムを実現するための教育カリキュラムの作成や、地域の中の学びをマネジメントする仕事に参加する事例は少ない。要するに、教員と職員、コーディネーターが一体となって産学公連携事業に参加することができる組織体制が整っている大学は多くない（池田、2012、75）。

産学公連携の分野をみると、約６割の大学が「まちづくり」を、約５割の大学が「地場産業振興」を、そして約４割の大学が「商店街活性化」「企業連携」を行っており、「地域振興」と地元の「企業成長」に関わる分野が主な内容となっていることが分かる（吉田、２０１４、28‐29）。次に、連携相手の割合をみると、公的セクターの組織が３割、私企業セクターの組織が約４割、そしてＮＰＯ法人や商工会議所のような非営利セクターの組織が約１割となっている。大学ＣＯＣ事業と大学ＣＯＣ＋事業の活性化により、今後は、ＮＰＯ法人非営利セクターの組織が連携相手になる事例が増えていくと予想される。

最後に、産学公連携の目的については、９割の大学が「地域貢献・地域振興」をあげている。これに「研究成果の教育・社会への還元」（59％）、「参加学生の成長」（47％）、「大学の地名度・認知度の向上」（36％）と続く結果となっている（吉田、２０１４、32‐33）。実際に、大学側にとっての産学公連携の達成度に関する評価をみると、「参加学生の成長」と「地域貢献・地域振興」が最も高く評価されており、次いで「社会的責任の達成」「研究成果の教育・社会への還元」となっている（吉田、２０１４、40‐41）。ここで注意すべき発見は、産学公連携の目的について、国公立に比べ、私立は「参加学生の成長」を重視する傾向が強く、国公立は私立と比べ「研究成果の教育・社会への還元」や「予算獲得」を目的とする傾向が強いという事実である（吉田、２０１４、32‐33）。実際に、国公立と比較し私立は「参加学生の成長」を産学公連携の成果として最も高く評価していた（吉田、２０１４、41）。そして、産学公連携の目的を達成するための手段としては、「地域資源発掘・地域ブランド力の向上」と「コミュニティ再生」という手段を重視していることが見てとれる（吉田、２０１４、37）。一方、大学側が地域社会側にとっての連携目的をどのように捉えているのかを考察してみると、「コミュニケーション活性化、情報・知識の蓄積や共有」と「自社・地域ブランド力の向上」が最も多く、「情報発信力の向上」、「企業の社会的責任としての信頼力」が続いており、「収益の向上」は1割程度にすぎない。ただちに収益の向上や生産性の向上といった「直接的な成果」を求めるというよりは、むしろ、地域の各アクターが自立し成長していくための組織づくりや人の能力開発につながる「ネットワークの構築」や「知識の共有・蓄積」を産学公連携の目的としている傾向がうかがえる（吉田、２０１４、33‐34、43）。

最後に、文系産学公連携における課題に関する調査結果によれば、産学公連携の要員（専任スタッフ）が不足していること、適切なコーディネーターが不足していることなど人材不足を訴える内容が多い（吉田、２０１４、46‐47）。これまでの分析結果を要約すると以下の通りである。

文系の産学公の連携分野はまちづくりや地域振興が多く、企業に限らず自治体や非営利組織が企業以上に多く存在する。産学公連携の成果は、収益や生産性の向上など「直接的」な成果よりも、連携相手のブランド力やコミュニティ再生など地域を活性化するプロセスにおける学習とイノベーションを促す社会的装置として評価されていることが多い（吉田、２０１４、49‐50）。文系分野における産学公連携は、地域の各アクターの自立化とイノベーションに向けた学習効果をもたらし、地域の問題解決を行うための地域力の向上において、重要な役割を果たすことが期待されている。

４　地域の中での教育プログラムの教育効果と地域再生効果

いまから20年程前、大学の理事会等の執行部にとって地域というものは、主に「キャンパスに必要な土地、交通の便などある種の地域の特性」(小松・伊藤、２００６、７)が問題になっており、大学の学生や職員にとっても地域は「労働市場」としか捉えられていないことが多かった。２節で考察した、教育基本法の改正以降、ようやく大学と地域との関係についての認識が変わりだす。その初期には、「大学の外向けのアピール・看板として、あわてて地域貢献・社会貢献を打ち出しておく」といった程度で大学と地域との関係が形成されていた。また、大学からの社会貢献が行われていても、その根底には、「大学が自らを一方的に社会貢献や地域貢献する側に置き、その対象に地域を位置付けるだけというのが一般的であった」(小松・伊藤、２００６、７-８)。

しかし今となっては、産学公連携の試行錯誤の事例が多様化し、産学公連携に参加する大学が増えていくにつれて、地域が研究・教育の宝庫であることが分かり(小松・伊藤、２００６、７-８)、学生を含む産学公連携に基づく独特の教育プログラムが増えている(池田、２０１２、69)。例えば、香川大学では、多様な専門分野を活かして地域課題を解決する文理融合型プロジェクトを推進している。また同志社大学は、「ＮＰＯ法人同志社大学産官学支援ネットワーク」を創立し「文系コーディネーター」

を配置して文系分野の産学公連携に力を入れている。また、産学公が連携して「社会起業家育成塾」を運営し、社会起業家の発掘・育成を行っている。さらに同大学では、課題解決型学習である「プロジェクト科目」を開講し、学内外からテーマを公募し、企業やNPOから講師を招く形で人材育成を行っている（池田、2012、69）。このように同大学は、文部科学省の大学COC事業が始まる前から、産学公連携活動と定期過程の教育プログラムとを一体的に展開している。中京大学（総合政策学部）も2010年から内閣府・地域雇用創造事業交付金事業の採択を受けたNPO法人の「ソーシャルビジネスエコシステム創出プロジェクト」の一環として行われた「ソーシャルビジネス人材創出・インターンシップ事業」に参加し、2012年からは同事業を名古屋市と連携して現在まで行ってきている。中京大学は、プロデューサー型コーディネーターの専門組織である「NPO法人アスクネット」の協力を得て、産・学・官・NPOが連携した教育プログラムを開発し定期過程の教育プログラムとして運営している。その結果、愛知県の様々なNPO法人や社会的企業と互いに学び合い成長し合う社会ネットワークを創出することに一定の成果を挙げている（羅・中野、2013）。

このように、学生を含む産学公連携に基づく教育プログラムの多くは、地域の中で行われることが多い。このプログラムの人材育成効果は大きい。例えば、上述した中京大学のソーシャルビジネス人材創出・インターンシップ事業は地域の中での教育プログラムが有する高い教育効果を実証的に示している（羅・中野、2013）。それは、経済産業省が強調する「社会人基礎力」（前に踏み出す能力、考え抜く力、チームワーク力）や、ソーシャルビジネス人材育成事業が主張する「イノベーション力」

（質問力、関連づける力、ネットワーキング力、観察力、実験力）を学生が身につける効果以上のものであった（羅・中野、２０１３、170-173）。それは、学生の社会に関する見方や社会とのかかわり方が変わったことである。上記のプログラムに参加する前までの学生にとって、他の多くの学生と同様に、社会は労働市場として捉えられ、労働市場で少しでも高く評価されたいと思っている学生が多かった。それは、このプログラムに参加する前に、学生たちに対して授業を履修する動機を質問した事前アンケート調査の結果からも見てとれる。ところが、授業後の感想文をみると、「学生でも社会に影響を与えることができると実感し」「ＮＰＯ・企業・行政の方など立場も仕事も考え方も違う多くの社会人とかかわる中で、社会とのつながりを積極的に捉えるようになり、自分の世界を広げることができた」（羅・中野、２０１３、190-193）と書くなど、社会課題を自らのこととして積極的に捉える学生が増えていることがうかがえる。[10]このような地域での学びを通じて、学生は地域の課題等の認識を深め、解決に向けて主体的に行動する人材として育てられていた。そしてそのような体験とともに、社会を抽象的なものではなく、「自ら切り開く人生」を創造していく場として積極的に捉える態度の変容が起きていた（友成、２０１１、212）。このように学生は地域で活動することで、地域に興味を持ち、社会に出ていくことを自らのこととして積極的に捉えることができることになる（友成、２０１１、217）。

10　地域の中での教育プロセスを通して、学生は、友成（２０１１）の表現のように、「評価されちゃったぞ」「感謝してもらえたんだ」「自分がやったこと、言ったことをすごくいいと言ってくれている」「地域に対して何かできるんじゃないか」という経験をしたのに違いない。こういう経験が学生を変えていたのである。

産学公連携に基づく教育プログラムの最も大きな特徴は、人材育成を大学のみが行うのではなく、地域の各アクターが加担することができることである。しかし、学生を含む産学公連携に基づく教育プログラムがすべてうまく行くかと言えば、そうではない。その理由は以下の三つがある。

第一に、地域の中の教育を行う際、教員および学生と地域の各アクターの協働を創造的にマネジメントする担い手不足の問題である。産学公連携とは使命・役割を異にするセクター間の連携に他ならない。ところが、それを実感として十分に理解している関係者は少ない。大学が産学公連携に取り組む理由は、研究成果の社会還元や外部資金獲得による研究や教育推進などであるが、企業にとっては自社の競争力強化や新製品の開発であることが多く、ＮＰＯにとっては労働力の補充やＰＲであることが多い。このように目的が異なる中で、どこまでどのように連携するのか（池田、２０１２、67）。こうした中で、産・学・官・ＮＰＯ間の協働を可能にするためには、大学と地域の様々なアクターを結びつけるコーディネーター、特にプロデューサー型コーディネーターが必要となる。しかし、そうした役割を担える人材が欠如すると、まとまりなくそれぞれのアクターは「単発的・散発的プロモーション」を行ってしまう。その結果、異なるセクター間の産学公連携に基づく教育プログラムは「単なる一過性の取り組み」で終わってしまうことが多い（浦野、２０１４、72）。中京大学総合政策学部の試みが全国の他の大学よりも高い成果を挙げていたもっとも大きな理由は、プロデューサー型コーディネーターを提供してくれたＮＰＯ法人アスクネットの協力にある。[11] 一方、これまでの文系分野における産学公連携は、大学の各教員の責任とリーダーシップによって実施される「属人的な連携」（池田、

２０１２、74）が多かった。その結果、産学公連携に基づく学生の社会貢献プログラムは熱心な少数の教員に依存しがちであり、担当教員の関与がなくなると、産学公連携事業自体も後退してしまう。その結果、産学公連携の波及効果が限定されがちであり、核となる研究者がいなくなると連携が途絶えてしまう。こうした状況を改善するために、教員個人に過度に依存しない組織体制を確立していくことが急務である（樋口、２０１４、254）。例えば、同志社大学のように、大学ごとに文系分野における産学公連携をプロデュースする組織を自前で設立するか、中京大学総合政策学部のように、そのような役割を果たせる大学外部の組織との連携を構築することが不可欠であろう。

第二に、産学公連携が、企業やＮＰＯや行政による教員と学生の安価な利用のための手段と見なされる問題である。そのような意識が変わらなければ、大学教員も自らの使命である研究を犠牲にしてまで地域に貢献する必要性を感じないであろう（樋口、２０１４、253）。産学公連携の体制づくりにおいて、大学に地域の声を受け止める体制や地域の知恵を反映できる体制の形成が重要であることと同様に、地域の企業や行政やＮＰＯなども教員と学生の声を受け止め学生の自己実現を手伝う体制づくりが必要不可欠である。ところが、学生を教育し、地域再生の人材を育成するという視点が欠けていると、地域にそのような体制が作られるはずがない。そうなってしまうと、地域にとっては学生にかか

11　中京大学総合政策学部のソーシャルビジネス人材創出・インターンシッププログラムは、２０１１年の「地域仕事づくりチャレンジ大賞」のコンテストでグランプリをいただいた。

わるのが「面倒なプロセス」（友成、２０１１、214）になってしまい、学生にとっては地域にかかわるのが楽しくなく、自由な発想で地域に働きかける作用も失われてしまう（友成、２０１１、213）。「単純労働をやってもらうことで使い捨て」になってしまった学生は、仲間にも後輩にも産学公連携に基づく教育プログラムへの参加を勧めないであろう。結局のところ、教員のリーダーシップによって立ち上がった産学公連携の教育プログラムは一過性の取り組みで終わり、継続しないだろう。

第三に、産学公連携に基づく教育カリキュラムに対する行政の予算支援が産学公連携の呼び水としての役割を終えた時、産学公連携に基づく教育プログラムが継続しない問題である。この問題を解決するためには、大学ＣＯＣ＋事業のように、産学公連携に向けての予算支援を行政が継続的に行うことを可能にするためにも、都道府県や市町村はそれぞれ策定しているビジョンや計画に、個別の産学公連携プロジェクトをしっかりと位置付けることも一案であろう。あるいは、行政だけが予算支援を行うのではなく、産学公連携の当事者達が予算を均等に負担することによって、仮に行政による予算支援が切れても産学公連携を継続できる必要最小限の予算を確保することも一案であろう。

5　今後の展望：イノベーション・エコシステムとソーシャル・キャピタル

学生を媒介とする文系分野の産学公連携は面倒な事業である。それは、理系分野の産学官連携と違って、大学の特定のシーズ（技術や専門知識等の知的資源）を産業の特定のニーズに落とし込んで問題解決を行う場合よりも、面倒な過程を伴う。学生は研究者と違って専門的な知的資源を持っていないので、革新的な問題解決策の実現に直接的に役に立てる可能性は高くない。しかも学生を媒介とする文系分野の産学公連携は、将来そのような問題解決が可能な人材を育成することが重要な目的の一つである。それには、大学の教員だけでなく、地域のアクターも人材育成の過程に加担することが求められるが、大学と協働した地域の将来を担う人材を育成するという目的を地域が共有しなければ、学生を媒介とする産学公連携は面倒臭いものになるだけである。したがって、大学が地域からの協力を持続的かつ多面的に得るためには、地域の異なるセクターの多様なアクターとより深い信頼関係を構築することが必要となる（浦野、２０１４、71）。そのような信頼関係なしには、人材育成という目的の共有ができず、組織文化と考え方及び価値観等が異なるセクターのアクターが混ざり合って生じる「カオス」が地域発の社会イノベーションを担う人材育成につながらないからである（吉田、２０１４、14）。

地域の中の教育を通じて、「地域力を学生の学びと成長に活かし、学生力を地域の再生と発展に活かす教育」を推進し、地域発のイノベーションを担う人材を育成していく上で、大学と地域の関係に埋め込まれているソーシャル・キャピタルの醸成は不可欠である（Coleman、１９８８）。しかしながら信頼関係、互恵性の規範、ネットワークといったソーシャル・キャピタルの創生は産学公連携の目的そのものではない。それは、あくまでも産学公連携当事者の相互利益となる関係の副産物である（Coleman、１９９０、312）。だからこそ肝要なことは、産学公連携の当事者達が互いに必要とし互いに利益となる関係を増やすことである（Coleman、１９９０、321）。つまり、連携の当事者が相互利益を体感できる連携の「種類」を増やし、そのような連携ネットワークを通して連携の当事者同士が会える「頻度」を高めることが大事である。そのような役割を果たすべきアクターが行政である。民間の他の組織とは違って、ソーシャル・キャピタルの創出とそれを基盤とする社会イノベーション・エコシステムの創出といった公共財の提供は他ならぬ行政本来の目的になるからである。

しかしながらそのような公共財の創出を行政自身が直接プロデュースすることは適切ではない。行政が行うべき役割はプロデューサー型コーディネーターに対し予算措置などの政策的支援を行うことである。プロデューサー型コーディネーターを支援することで、産学公連携の直接的な効果とソーシャル・キャピタルの創出という間接的な成果をバランスよくプロデュースできるようにすることである。もちろん、プロデューサー型コーディネーターを支援する役割は行政だけでなく大学にも求められる。大学にとってプロデューサー型コーディネーターは、地域の異なるセクターの組織と互いに共感・共鳴・協働を誘発するのに必要不可欠な存在であるからだ。教育機能を持ちながら、異なるセクターのアクター同士を結びつけ、協調行動を誘発・活性化する中で、知の集積を行い、ネットワークを構築することができるプロデューサー型コーディネーターの役割は大きい。要するに、ソーシャル・キャピタル論の観点からすれば、行政の役割がソーシャル・キャピタルの創出に投資することにあるとすれば、プロデューサー型コーディネーターの役割はソーシャル・キャピタルを醸成・蓄積するための方法をマネジメントしプロデュースすることであろう。

４節で考察したように、学生を含む産学公連携は、大学と行政の役割変化だけでなく、地域側の連携に対する認識の変化が求められる。真壁昭夫の『若者、バカ者、よそ者：イノベーションは彼らから始まる』（２０１２）の題目から窺えるように、地域発のイノベーションの主役は「いままでのシステムなどに強いしがらみを持たず、強力なエネルギーを持つ若者であり、旧来の価値観の枠組からはみ出たバカ者であり、さらには、組織の外にいて、従来の仕組みを批判的に見ることができるよそ者である」。産学公連携に参加した学生は、地域のひとり一人と出会い、未熟ではあるが故に、「青臭い問いかけをすることになるが、その問いかけは地域社会からすれば本質的な問いかけをする人」（友成、２０１１、214）として捉えることもできる。住民は愚直に地域のひとり一人と出会う学生に触発され一緒に考え始める。「学生の質問に答え、アドバイスもする。住民自らの可能性を若者の新しい価値基準のもとで一緒にとらえ直す」（友成、２０１１、216）。学生が失敗した時には地域も一緒に試行錯誤し学習する。その過程の中で、学生を媒介にして、大学と地域の間にソーシャル・キャピタルが醸成され、地域は「学び合う力」を蓄えることができる（友成、２０１１、216）。それが地域発のイノベーションを引き起こす源泉となる。

学生を含む産学公連携は、地域に埋め込まれたソーシャル・キャピタルを掘り起こし、蓄積するための制度的装置であり、学生及び教員と地域の多様なアクターが互いに学び合う関係を築くための制度的装置でもある。地域と大学が学生の教育のために手を携えることで、地域は社会イノベーションを担う「人を育てる地域になり、学び合う地域」（友成、２０１１、217）になる。地域の社会構造は常に変化しており、したがって一つの解決策の賞味期限は長くない。だからこそ、友成は「人と人が学び合う関係を持っている地域ほど強いものはない」と考える（友成、２０１１、217）。学び合う地域は、解決策のイノベーションを引き起こす力を蓄えており、地域の外側からの急激な衝撃にも柔軟に適応できる強靭な(resilient)学習力を秘めているからであろう。このように考えてみれば、「学び合う関係性」こそが、地域発の産業・社会イノベーションのエコシステムの本質であろう。

これまで考察してきたように、学生を媒介とする産学公連携はこれまでの理系の産学官連携とは異なる大きな可能性を秘めている。そのような意味では、多くの課題を抱えてはいるものの、日本においても、教育機能を重視する産学公連携の多様な仕組みが本格的に推進されることになったのは評価すべきことである。今後、大学の教員及び学生と地域の多様なアクターが現実に結ばれているつながりの実態を分析し、それを基に複数のアクター間の関係を進化させるための方策を考えていくのが不可欠である。そのためには、本書の事例分析以外にも他の国内外の事例に学びつつ、学生を媒介とする産学公連携の望ましいあり方を模索していく必要がある。

参考文献

池田貴城　２０１２「産学官連携の課題と今後の展望―主として高等教育行政の観点から―」『産学連携学』第８号
伊藤眞知子・大歳恒彦・小松隆二編　２００７『大学地域論のフロンティア―大学まちづくりの展開』、論創社
伊藤正実　２０１１「産学官連携にかかわるコーディネーターの３分類～地方と首都圏の環境から起因する職能の違いについて～」『産学官連携ジャーナル』３月号
浦野寛子　２０１４「協創的地域ブランド・マネジメントにおける文系大学の役割」吉田健太郎編著『地域再生と文系産学連携：ソーシャル・キャピタル形成にむけた実態と検証』、同文館
片山裕之・久保衆伍・八十到雄・北村寿宏　２００３「産学官連携推進のためのコーディネート活動について」『島根大学総合理工学部紀要シリーズＡ』第37号
加藤吉則・松村洋平・吉田健太郎・藤井博義・浦野寛子　２０１３「地域振興における産学連携の可能性に関する理論的背景と今後の研究課題」立正大学産業経営研究所『産業経営研究所年報』第30号
田辺孝二　２０１１「まえがき」ＮＰＯ法人オンデマンド授業流通フォーラム・大学イノベーション研究会編『地域に愛される大学のすすめ』、三省堂
小松隆二・伊藤眞知子編著　２００６『大学地域論―大学まちづくりの理論と実践』、論創社
澤田芳郎　２０１５「産学連携の分化とコーディネーター」小樽商科大学『商学討究』
友成真一　２０１１「地域は大学に何をもたらすのか」、ＮＰＯ法人オンデマンド授業流通フォーラム・大学イノベーション研究会『地域に愛される大学のすすめ』、三省堂
真壁昭夫　２０１２『若者、バカ者、よそ者：イノベーションは彼らから始まる』、ＰＨＰ新書
文部科学省・中央教育審議会　２０１５「我が国の高等教育の将来像（答申）」
文部科学省　２０１３「地（知）の拠点整備事業：事業説明会資料」
文部科学省　２０１７「地（知）の拠点大学による地方創生推進事業：事業説明会資料」

樋口一清　２０１４「産学連携による教育研究と政策課題」吉田健太郎編著『地域再生と文系産学連携：ソーシャル・キャピタル形成にむけた実態と検証』、同文館

吉田健太郎　２０１４「文系産学連携におけるソーシャル・キャピタルの有効性」『地域再生と文系産学連携：ソーシャル・キャピタル形成にむけた実態と検証』、同文館

吉田健太郎　２０１２「大学と地域との連携による実践的起業家教育の可能性―社会起業家教育の実践事例―」福井県立第大学地域経済研究所『ふくい地域経済研究』第13号

羅一慶・中野正隆　２０１３「ソーシャルビジネスのエコシステム創出における大学と地域の協働」渋谷努編著『民際力の可能性』、国際書院

Coleman, James Samuel. 1988 "Social Capital in the Creation of Human Capital". American Journal of Sociology 94.

Coleman, James. 1990 The Foundations of Social Theory. Cambridge, MA: Belknap

Putnam, Robert D., Making Democracy Work-Civic Traditions in Modern Italy, Princeton University Press, 1993.
（ロバート・D・パットナム著、河田潤一訳　２００１『哲学する民主主義―伝統と改革の市民的伝統』、ＮＴＴ出版）

海外スタディツアーにみる大学と地域社会の現状と課題

金　敬黙

1　はじめに

本章では、海外スタディツアーにみる大学と地域社会の諸アクター（ＮＧＯや旅行会社）の産学連携の現状と課題について批判的に分析する。海外スタディツアーは、国際理解、国際協力、国際交流などを推進する具体的事業や活動として近年注目を浴びている。したがって、グローバルかつ日本社会における時代的文脈から海外スタディツアーを概観し、次に教育カリキュラムの側面や現場で考慮すべきリスクマネージメントやインパクトの側面から批判的な考察を行う。

2　グローバル化する大学

2―1　グローバル化時代における産学連携

大学と地域社会の諸アクターとの産学連携は、まちおこしや産業界における技術開発・商品開発などの分野における連携はすでに取り組まれてきた。大学が取り組む連携事業の多くは理工系における技術提携や経済・産業界における商品開発などが主流であったともいえよう。

けれども、最近では、本稿で扱うスタディツアーのプログラムを積極的に導入したり、検討に入ったりする大学も増えてきている。その一環として大学と地域の企業、NGOなどとの連携が増えてきた。この過程でいくつかの課題点も明らかにされた。すなわち、その教育プログラムが産学連携として成り立つためには、単なる分業体制またはアウトソーシングにとどまってはならず、プログラムの立案や運営、そして評価の過程においても綿密な協力体制が構築されることが必要だからである。

たとえば、大学側の視点に基づけば、企業やNGOにそのまま大学教育を委託しても良いのだろうかという課題がある。言い換えれば、大学の授業や実験等を代行し、補助活動にかかわる外部のパートナーは、従来の大学教員の採用基準に照らしてみれば教育や研究活動に携わる資格を十分に有しているのかという内外の批判にさらされる。コスト削減、負担軽減、話題性づくりなどの合理的かつ不純な動機だけで教育プログラムを推進することには大きな問題があると指摘せざるをえない。

なかでも海外スタディツアーのプログラムに絞ってみれば、たとえそれが短期間のプログラムであったとしても、完全に外部業者にアウトソーシングされた場合、教育を行うための資格や能力を持たない人が企画・運営することに問題はないのかという悩みがある。

他方、時代の変化に対する大学の対処が遅いという批判や指摘も聞こえてくる。つまり、大学は「象牙の塔」にこもりすぎて、その結果、閉鎖的かつ官僚的な組織になっているために、学生の教育より教職員の処遇や大学の安定的経営を重視しているのではないかという懸念がそれである。実際、グローバル化の波は教育界にも及んでおり、グローバル教育市場の観点から日本の高等教育現場を見つめると、その是非はさておき、日本の大学現場が世界の変革の流れに十分追いついていないことも真摯に受け止めるべきである。

日本の大学や高等教育システムの長所も数多くあげられるが、それにしても日本的な伝統や原則論に固執しすぎると、グローバルな大学間の競争に乗り遅れてしまうどころか、淘汰され生き残ることすら難しくなるだろうという危機感がますます高まっている。要するに、世界的な潮流を考えると、日本の大学の多くがこのグローバル競争に遅れているといえるかもしれない。

2―2　教養部の解体と人文・社会科学系の再編

過去数十年の間に大学は大きく変わった。１９９１年の大学設置基準改定による教養部組織の解体は共通・教養教育のあり方に変化をもたらした（冠野、２００１、137-155）。その後、学部教育においても改組の際には、聞きなれない学部名がほとんどの大学で導入されてきた。伝統的なディシプリンは学際研究や学融（学総）研究という名の下で塗り替えられてきた。結果的に、各学部には様々な分野の研究者が所属するようになり、学部の垣根は壊されてきたともいえる。各学部や研究科で複雑多岐化する現象や課題へ取り組みやすくなったという評価も可能であるが、学部や研究科の差別化に困っているという内部事情も伴う。

さらに、文系と理系の垣根を越えた融合的な研究や教育への取り組みが活性化されていることも注目に値する変化である。しかし、その結果として文系（教員養成系・人文社会科学系）の基礎学問よりも、産業界や財界への貢献が期待できる理系分野の応用科学を重点強化すべきであるという路線変更が唱えられるようにもなった。それは単なる理系分野や産業界のニーズにとどまらず、政府（文部科学省）レベルの判断として公言されたために、その衝撃と波紋が大きく広がった。

言い換えるならば、哲学や思想、文学などの人文科学や法学、経済学、政治学や社会学などの社会科学よりも、大学で理工系関連の学問を学び、卒業後は即座にグローバル市場で通用する「技術者」をより優遇するという判断とも理解される。基礎科学の軽視とも受け止められるニュースであるが、確かに文部科学省は「国立大学等における教員養成系、人文・社会科学系の組織の廃止や社会的要請の高い分野への転換を強く求める」という通知を出した。[1]

この通知と関連しては、当該者である国立大学側の戸惑いにとどまらず、「日本学術会議」までもが批判声明を出すなどの思わぬ事態に発展した。文部科学省の方針は国立大学への影響に限らず、日

1 「国立大学法人の組織及び業務全般の見直しに関する視点」について（案） http://www.mext.go.jp/b_menu/shingi/kokuritu/gijiroku/__icsFiles/afieldfile/2014/08/13/1350876_02.pdf （２０１５年８月12日アクセス）

本全国にある大学の方針に影響を与えるものとして、日本全国の780以上の大学が改革の嵐に突入した。まさにグローバル化の真っただ中、日本の大学は生き残りをかけた競争激化と存亡の危機に立たされている。

2—3　世界大学ランキングのカラクリ

グローバル競争の激化には世界大学ランキングも関係する。世界大学ランキングの信頼度が高いがために、だれもが世界大学ランキングのランク上昇のために必死になっているのだろうか。それらについて考えるためにも世界大学ランキングについて簡単に触れてみたい。

高等教育機関のランキングは総合的なランク付けを行うものから特定分野や項目のランクをつけるものに分けられる。ランクによる格付けが行われると人々の関心はそのランクに寄せられる。そもそも、ランク付けを誰が、どのような目的で行っているのか。そして何よりもそのデータを信頼することは本当に妥当なのかなどについて考える必要がある。

結論を先取りするのであれば、この種の番付はそれが国内のものであれ、国際的なものであれ、本来であれば一つの参考指標にすぎないはずである。しかし、グローバル化の影響のためか、2000年代以降、複数の調査機関などが世界大学ランキングを相次いで発表しており、それらが「デファクト・スタンダート」として機能している。したがって、ランキングを無視することもできないご時世である。そもそも世界大学ランキングの実質的なはじまりは1967年の『ゴーマン・レポート』

であるといわれる。[2] 多くの人々に大学ランキングが知られるようになったのは「U.S. News & World Report」がアメリカの大学ランキングを発表し、それがアメリカ以外の国々でも参照されるようになってからである。

世界大学ランキングの競争激化の一因には、アジア諸国の大学がこのランキングに敏感であるという事情もある。ただ、評価の対象となるべき大学機関が評価の実施機関になっているという問題点がある。たとえば「世界大学学術ランキング（Academic Ranking of World Universities: ARWU）」は中国の上海交通大学高等教育研究所と世界一流大学研究センターが２００３年から毎年発表しているものであり、「CWUR 世界大学ランキング」はサウジアラビアの世界大学ランキングセンターが評価しているものである。また、「HEEACT 世界大学ランキング」は台湾の機関（Higher Education Evaluation & Accreditation Council of Taiwan）が２００７年から実施している。このように様々な機関が世界大学ランキングを発表しているために、その評価基準の信頼度も一概には言えない。

何よりも世界大学ランキングの問題点として指摘されているのは、英語圏の大学が有利になる仕組みがあることだ。当然、教育や研究を行う言語が英語である以上、論文の引用などの数も多くなされる。また国際言語としての英語を活用する大学機関の国際化指数が高いことも当然である。米英の大

2 フリー百科事典『ウィキペディア（Wikipedia）』で「世界大学ランキング」を検索。 https://ja.wikipedia.org/wiki/%E4%B8%96%E7%95%8C%E5%A4%A7%E5%AD%A6%E3%83%A9%E3%83%B3%E3%82%AD%E3%83%B3%E3%82%B0（２０１５年８月12日アクセス）

学機関の水準が高いことは論をまたない。しかし世界大学ランキングという制度を客観的かつ公平に運用するのであれば、これらの事情も視野に入れる必要があろう。

2―4 「ガラパゴス化」する日本の大学

周知のとおり、転換期を迎える日本の大学はいくつかの制約を抱えている。

一つは、日本の人口減による就学人口の減少である。2018年から18歳人口が減るため大学の定員割れが続出するといわれる、いわゆる「2018年問題」もその流れを汲むものであり、今後定員割れなどを理由に学科・学部、さらに大学の募集停止や廃止は急速に増加するであろう。

もう一つは、グローバル化に伴う教育市場の開放と競争激化である。今では経済的な事情と能力さえあれば、昔に比して海外の大学に進学することは難しくない。逆にアジアをはじめとする諸外国から日本の大学に進学することも一層容易になった。しかし、日本の大学が一定の競争力や魅力を持たない限り、海外から日本へやって来て、日本の高等教育機関で学んでくれるだろうという期待は楽観主義的な妄想に過ぎない。日本の国際的なプレゼンスに照らしてみると、日本の大学の魅力は日本という国家ブランドが持つイメージよりもかなり低いのが実情である。

さらに、三つ目の制約として、若者の海外忌避現象が顕著になっている点もあげられる。日本人学生の海外留学が年々減少しているのである。中国や韓国、インドなど他のアジア圏の国々と比べてみると、海外忌避現象が日本の若者に限られる特有の現象であるともいえる。

文部科学省が経済協力開発機構（ＯＥＣＤ）等の２００９年統計による日本人の海外留学者数を集計したところ、２００９年は５９，９２３人の日本人が海外へ留学したが、対前年比では６，９１０人（約10％）減っている。[3] 日本の若者の内向き志向、そして、海外留学がその後の就職にメリットとしてつながらないだけでなく、むしろ就職活動の激流に乗り遅れることが忌避現象のきっかけにもなっている。一言で言ってしまえば、留学が将来の進路の促進要因になるどころか足かせになってしまっているという実状がある。多くの企業は語学力や国際感覚を評価するどころかチーム・ワークを乱す個人主義として警戒しているのかもしれない。多くの文系学生にとって、海外の大学院への進学は、チャンスよりはリスク材料になっている。

教育現場で日本と世界の潮流とのギャップが著しくなっているのである。日本の大学が「ガラパゴス化」しているといったら大げさだろうか。日本の大学の「歪み現象」は様々な局面で顕在化しているかのようだ。たとえば、２０１２年、東京大学は優秀な学生を世界中から誘致し、グローバル人材を育成するためにＰＥＡＫという名のプログラムを開設した。国際日本研究と国際環境学の２コース（各15人）に基づくプログラムであり、教養学部に設置し全コースを英語で運営するという野心作である。しかし、制度が始まって間もない２０１４年度合格者の入学辞退率が70％にも及ぶという惨憺

3 「日本人の海外留学者数」及び「外国人留学生在籍状況調査」並びに「外国人留学生の10月渡日状況」について（２０１２年１月20日付け報道資料）http://www.mext.go.jp/b_menu/houdou/24/01/1315686.htm （２０１５年８月14日アクセス）

たる結果を迎えた。[4] 辞退者のほとんどは東大より世界ランキングの高い海外の有力大学へ進学し、東大は滑り止めの機能しか果たせていないという現実に直面したのである。

2―5 中部圏・東海地域の私立大学のグローバル教育

危機感を抱いた文部科学省は、2014年に「スーパーグローバル大学創生支援」事業を創設し、「トップ型（世界大学ランキングトップ100を目指す力のある大学）」ならびに「グローバル化牽引型（日本社会のグローバル化を牽引する大学）」として37大学を選んだ。[5] 国立大学の文系学部・研究科の再編と合わせて考えてみると、大学間の格差は今まで以上に広がり、ほとんどの大学、特に地方の大学はローカル化することになる。

グローバル化を視野に入れた国立大学が9月入試を検討すれば、私立大学も検討に入らざるを得ないのが現実である。国立大学が4学期制を導入すれば、私立大学も後を追わざるを得ない。大都市圏の大学と地方の大学の格差が助長されることにとどまらず、様々な側面で地域の大学、特に中小規模の私立大学は振り回されてしまい、この文脈の中で地方（地域）の私立大学は生き残り策を模索せざるを得なくなる。

「朝日新聞」の記事によれば、文部科学省は2015年10月20日、全国86の国立大の運営や改革方針をまとめた「中期目標・計画」の素案を公表した。この段階で33の大学や大学院が見直しを盛り込んだ。地域社会においては国公立大学にとどまらず私立大学までもがこの変化の波に影響を受けることが予想される。[6]
そのような地殻変動の中で、中部圏・東海地域の私立大学はどのようなグローバル教育に取り組むべきなのか。中部圏・東海地域は愛知県と名古屋市を中心とした経済圏である。平成23年（２０１１年）末現在の法務省発表データに基づけば、愛知県内の外国人登録者総数は20万人を若干超えた数字であり、県内総人口（７４１万６千人）の２・７１％を占めている。[7]その主な国籍を多い順から五つを述べていくと、ブラジル→中国→韓国・朝鮮→フィリピン→ペルーである。[8]
また、愛知県内には49の４年制大学があるが、これら大学のグローバル教育はどこまで地域社会の特性を活かしているだろうか。外国語教育にしても、ポルトガル語やタガログ語を教えている大学の数は限られている。国際協力と多文化共生がセットで考慮されることもほとんどない。姉妹都市協定は名ばかりであり、地域の経済や産業、文化、歴史を視野に入れたグローバル教育のカリキュラムが

4　http://www.47news.jp/47topics/e/264143.php　（２０１５年８月14日アクセス）
5　「スーパーグローバル大学」の「トップ型」には13校（国公立大学が11校）、「グローバル化牽引型」24校（国公立大学が12校）が採択された。
6　「朝日新聞」（２０１５年10月21日付）
7　「愛知県内の市町村における外国人登録の状況」（平成23年末現在　法務省調べ）http://www.pref.aichi.jp/0000048722.html　（２０１５年10月22日アクセス）
8　同サイト（２０１５年10月22日アクセス）

導入されているとは言えない（金、2013、105-132）。

それほど内と外の連携が難しいかと言えばそうでもない。地域社会に根ざすグローバル教育という視点を抱くのであれば、外国語教育に限らず、さまざまな視点から異なる学問領域（ディシプリン）への適用が可能となる。語学留学における相互派遣にとどまらず、姉妹校との独自のカリキュラム開発もその一つである。問われるべきは問題意識と眼差しの視点である。

外国からの移住者や観光客などのヒトの移動に加え、外国との輸出入の統計などから関係の深い海外の国や地域、イシューや分野などが他の自治体とは異なる基準で模索されるべきである。足元または己の暮らしと外部社会とのつながりをグローバルな次元に活用することが、ユニークさになるのであるが、その取り組みは現状としては不十分である。あくまでも仮説にすぎないが、そこには地域社会でしばしばみられる周囲の様子を窺う保守的な性格が影響を及ぼしているのかもしれない。独自色を打ち出すよりは、国公立大学の取り組みや周辺大学の様子を探りながら、安全志向にとどまろうという気質があるのではないか。そうであれば、そこを打破することに鍵がある。

3　グローバル教育としてのスタディツアー

既に述べた通り、世界大学ランキングをはじめ、大学の質を指標化し、また序列化することに頼りすぎることには弊害も伴う。しかし、たとえそうであるとしても、ファカルティ・ディベロップメント（Faculty Development）の観点からグローバル化教育の開発は急がれる。そこには、座学を通じた学びも必要であれば、現場での体験や実習を通じた学びも大切になる。スタディツアーはまさに後者の観点から近年積極的に導入されるようになってきた。

3―1　スタディツアーとは何か

それではグローバル教育としてのスタディツアーを考えてみよう。繰り返し述べるが教育カリキュラムの観点から見ると、座学（講義や演習・ゼミナール）と現場での体験や訓練は有機的関係におかれる。

国際理解教育の観点から藤原孝章は「海外研修」と「スタディツアー」を以下のように定義している（藤原、2014、36）。

教育における「海外研修」とは、学校の修学旅行やその他の教育旅行、教師・指導者などが参加する研修旅行をさしている（語学研修や留学を除く）。次に、「スタディツアー」とは、NGO、大学、自治体などが行う、海外での見学、体験、交流などを通した相互理解を図る教育旅行である。市原芳夫によれば、スタディツアーとは「学ぶ旅」であり、高校生の修学旅行での沖縄訪問や先進国の博物館訪問なども含まれる。したがって、最も広義には、海外研修・スタディツアー

も含めて「教育旅行（Educational tourism）」としてよい。（市原、２００４）

この定義に基づくと、教育旅行の一部としてスタディツアーは取り組まれ、それは語学研修や留学とも違うものであり、また専門領域における実態調査やフィールド調査よりも入門的な位置づけとなるであろう。参加者は大学、ＮＧＯ、企業や自治体が企画したスタディツアーに参加しつつ、教育的な学びを身につけることが期待される。

スタディツアーの実態には短期語学研修やインターンシップ、フィールド調査、体験ボランティア学習などと組み合せたものも数多くあるが、ここではひとまず、藤原孝章の定義の如く、語学研修や留学を除くものであり、その参加者は学生を対象としたものに限るため、教職員の研修なども除くことにしよう。さらに、特段の断りがない場合、本稿におけるスタディツアーの対象地域は海外現場を指すことにする。

次に、アクターの側面からスタディツアーをもう少し細かく分類してみよう。参加者（学生）と海外現場（訪問先）の間には大学、旅行会社、ＮＧＯなど様々なアクター・エージェントが関わっている。スタディツアーの主催者が大学の場合もあれば、ＮＧＯや旅行会社の場合もある。加えて、海外で現地を訪問する際にも現地のＮＧＯや旅行会社、現地調整員など複数のカウンターパートが実際に存在する。何よりも、ここでいう「大学」が具体的に何を指しているのかについても考えなければならない。学部や学科が公認する、あるいは制度化されたスタディツアーもあれば、ゼミ教員が主体となる場合もある。さらに国際センター（留学センター）やボランティアセンターなど大学側の組織が企画・運営するものに分けられる。

3―2　スタディツアーが普及した背景

スタディツアーが教育プログラムに積極的に導入された背景は、いくつかの社会的要因が複雑に関係しているとみられる。それらについて簡略にまとめてみたい。

3―2―1　「海外ボランティア」への関心の高まり

一つ目のポイントは、日本人なかでも若者の海外旅行の形態が時代とともに変化しており、2000年代以降、「海外ボランティア」などの体験型旅行が旅行会社によって商品化されたことにある。藤原孝章と栗山丈弘はこの現象を「歩く旅」から「学ぶ旅」への転換として位置づけている（藤原、栗山、2014、42-50）。長年の不況や情報技術の発達によって若者が海外へのあこがれを抱かなくなっているとも言われる。今の若者にとって、海外は「非日常」ではないという視点もある（山口、2010）。

厳密な時代区分は不可能であるにせよ、2000年代以降、世界同時多発テロやその後の「対テロ戦争」、そしてSARS（重症急性呼吸器症候群）や鳥インフルエンザなど感染症の発生は不安と恐怖意識を高め、結果的により安心かつ安全であり、さらに「学び」や「人のため、世のために」になる新しい旅のジャンルを生み出した。

バックパック旅行など「歩く旅」を敬遠する若者は「学ぶ旅」に関心を示した（藤原、栗山、2014）。すなわち、夏休みや冬休みの期間を使って廉価で海外旅行が実現できるのであれば、卒業旅行の思い出づくりにおいても、人生の思い出に残る何かを模索したいと思うのである。思い出に残る何かを模索する際に、「海外ボランティア」の体験は思い出作りの付加価値を高める。まして、1990年代以降の国際協力のブームが到来したことや、1995年の阪神淡路大震災によるボランティア活動の活性化が結果的に「海外ボランティア」というジャンルを生み出した。バックパッカー旅行の停滞に悩んでいた旅行会社がこの変化を逃さず商品化したことも一つの要因としてあげられる。

コストを抑えるためにも現地集合・現地解散型の手配型旅行（渡航費と宿泊場所の手配など最小限の枠組みだけを手配するのでスケルトンツアーとも呼ばれる）が人気を呼んだ。NGO側にとっても現地駐在員がいる場合、日本側からの引率者の同行が不要となれば、それだけ参加者にとってのコスト削減、NGO側にとっても収益拡大につながることになると、日本の国際協力NGOで長年スタディツアーや海外インターンシップに取り組んできた下田寛典は説明する。[9]

NGOが取り組むスタディツアーにはそれなりの動機や目的がある。開発教育の一環として市民の関心や参加を高めるために多くのNGOが積極的にスタディツアーを導入してきた。それは、旅行会社がスタディツアーに関心を寄せ、商品企画に本格的に乗り出す以前からのことである。NGO側にしてみればスタディツアーは一種の収入確保にもつながり、同時に現場での活動資金の確保にもつながる。スタディツアーの収益の一部は職員の現地渡航費の費用にもなり、また、現地で展開される事業の活動資金につながることもある。要するに、開発教育に取り組みながら他の事業資金や人件費の獲得にもつながる一石二鳥以上の効果が期待できるのである。

けれども、法律の改正、それ以前に海外現場における治安悪化や安全対策を強化する必要性が増したこと、さらに専門旅行会社の商品開発や本格的な市場参入によって、ＮＧＯが企画するスタディツアーは、旅行会社のそれと差別化を試みない限り淘汰される可能性も出てきた。

3―2―2　教育現場における内発的需要

少し別の切り口から考えてみよう。スタディツアーが活性化しはじめたのはＮＧＯや旅行会社の商品開発だけが要因ではない。教育現場における内発的な動きもあったのだ。すなわち、国際理解教育、平和教育、開発教育、環境教育、「持続可能な開発のための教育」（ＥＳＤ）などが積極的に学校教育現場で導入されたことにも起因する。大学教育現場ではないが、２００２年の学習指導要領の改訂によって「総合的な学習の時間」が導入されたことが学校現場とＮＧＯとの連携を深めることにもなった（野中、２０１０、176-181）。筆者自身もちょうどその時期、東京に拠点をおく日本の国際協力ＮＧＯで調査研究・緊急救援担当のプログラム・オフィサーを務めていたが、地域の小学校から「総合的な

9　下田寛典「２０１５年10月19日」メール・インタビュー。

学習」と関連したニーズが増えたために、講演・特別授業を行った経験がある。

今では「総合的な学習」や「ゆとり教育」と関連した評価は様々な側面から見直されているが、グローバル化教育において文部科学省は大学など高等教育機関に限らず中等教育機関に対しても積極的になってきた。その具体的な事業が「スーパーグローバルハイスクール」（ＳＧＨ）である。その構想概念は以下のとおりである。[10]

> 高等学校等におけるグローバル・リーダー育成に資する教育を通して、生徒の社会課題に対する関心と深い教養、コミュニケーション能力、問題解決力等の国際的素養を身に付け、もって、将来、国際的に活躍できるグローバル・リーダーの育成を図ることを目的としています。
>
> スーパーグローバルハイスクールの高等学校等は、目指すべきグローバル人物像を設定し、国際化を進める国内外の大学を中心に、企業、国際機関等と連携を図り、グローバルな社会課題、ビジネス課題をテーマに横断的・総合的な学習、探究的な学習を行います。
>
> 学習活動において、課題研究のテーマに関する国内外のフィールドワークを実施し、高校生自身の目で見聞を広げ、挑戦することが求められます。
>
> 指定されている学校の目指すべき人物像や具体的な課題の設定、学習内容は、地域や学校の特性を生かしたものとなっております。

表　愛知県内のスーパーグローバルハイスクール（2015年10月31日現在）

学校名	指定期間	研究開発構想名
愛知県立旭丘高等学校	平成26―30年	日本再興戦略を支える若手グローバル・リーダー育成に関する研究開発
名城大学付属高等学校	平成26―30年	高大協働による愛知県産業を基盤にしたグローバルビジネス課題の探究
中部大学春日丘高等学校	平成27―31年	中部圏のグローバル化を推進する若きパイオニアの育成
愛知県立時習館高等学校	平成27―31年	日英独高校生の国際シンポジウム等によるグローバル・リーダーの育成
名古屋大学教育学部付属中・高等学校	平成27―31年	トップ型SGUと一体化して「自立した学習者」を育てる探究型カリキュラム構築

出典：ウェブサイト「スーパーグローバルハイスクール」（http://www.sghc.jp）の資料を基に筆者作成。

制度が始まって間もないので、スーパーグローバルハイスクールに選ばれた学校現場も試行錯誤を繰り返している段階であろう。愛知県の場合、平成26年度（２０１４年度）には愛知県立旭丘高等学校と名城大学付属高等学校の２校が選ばれ、平成27年度（２０１５年度）には学校法人中部大学春日丘高等学校、愛知県立時習館高等学校、名古屋大学教育学部付属中・高等学校の３校が選ばれた。

構想調書の内容分析だけでは構想の進捗状況や成果そのものは判断できないが、愛知県内の五つの指定校の構想を見る限り、グローバル・コンピテンシー（Global Competency）を高めるためのコミュニケーション能力（日本語ならびに英語）に加えて、地域社会の特徴（自動車産業を中心とした製造業としての地域特性とそれに伴う外国人の定住など）と海外の貧困や紛争・平和の問題をリンクさせる傾向がある。特に、アジアの中の日本の再発見などに関心を寄せていること

10　http://www.sghc.jp/　（２０１５年10月19日アクセス）

は注目に値する。そのプロセスをスタディツアー（姉妹校との交流やフィールドワークなどを含む）などの現場型・探究型学習を通じて模索するという特徴がみられる。高大連携の積極的な取り組み、地域企業や行政、ＮＧＯ、大学関係者の知的・経験的なノウハウを取り込もうとする姿勢も目立つ。極論を言えば、地域の私立大学は、これらスーパーグローバルハイスクールから学ぶことが多いのではないかという危惧を大学人として強く感じる。

４　課題と展望――教育的な付加価値を如何に高めるか

今後は、単位の有無にかかわらず、大学が関わり、学生が参加するスタディツアーである以上、ＮＧＯや旅行会社にプログラムづくりのすべてを丸投げすることは望ましくない。言い換えれば、高等教育機関としての大学らしさが求められ、教育的なカリキュラムの充実化が工夫されなければいけない。

そこで「学び」の成果を藤原孝章は「省察」という言葉に帰結させる（藤原、２０１４、41）。

参加者（学習者）は適切なファシリテーションに促されつつ、その学びをツアーの最中に、また事後的に「省察」することによって、社会参加・参画に変容させ、地球市民としての資質を形成していく。

けれども人材育成や教育的な効果を評価し、まして参加者の内面的な「自己省察」という変化を把握し、確認することは容易ではない。仮に参加者（学生）の変化が見えたとしても、それがスタディツアーのプログラムによる直接的な効果であるのか、それとも他の要因が影響を与えたのかについては把握しづらい。教育の効果はすぐに現れない場合もあり、短期的な結果を求めすぎることは教育の理念にも反することが多い。

したがって、参加者（学生）の変化や成長そのものの実証よりも、事前学習や事後学習を含む教育理念と目的を含むカリキュラム（プログラム）の内容構成に注意を払うことが現実的かもしれない。言い換えるならば、問題意識や具体的な問いを持たないスタディツアーはその教育的な理念や目的が不明瞭であるばかりか教育的な効果を主観的に測ることができない、と言わざるを得ない。

既に述べたようにスタディツアーを企画・実施するＮＧＯや旅行会社が増えてきたために、市場的競争を理由に参加者の取り合いが激化している。結果として一部ＮＧＯや旅行会社が企画するスタディツアーは、スタディツアーの本質である、「学びのための問題意識」や「自己省察のための問いかけ」そのものが見えないという致命的な問題を抱える場合すらある。

たとえば、一部のＮＧＯや旅行会社のスタディツアーでは「英語力や知識は不要！」という宣伝文句を大々的に謳ったりする。自然、文化、そして歴史関連の遺跡や遺産を訪ねる場合においても、その背景について詳しい知識や洞察力を持たないままツアーが組まれることも多い。海外に出かけるという「非日常」を体験することによって、しかも現地に数日滞在するだけで「自分探し」が実現すると思ったらあまりにもナイーブである。スタディツアーに一度参加しただけでグローバル人材に本当になれるのだろうか。スタディツアーそのものが観光産業に組み込まれる以上、市場経済の枠組みから逸脱することはできなくなり、「スタディ」よりも「ツアー」が強調されてしまうリスクに注意を払うべきである。

特に、大学という教育機関が手配または企画募集するスタディツアーにおいて、教育的な側面での差別化が求められる。NGOや旅行会社と連携する場合においても、大学教育の特色と組み合わせる必要がある。そのためにも、参加者（学生）たちの問題意識や知識レベルに関する事前かつ事後学習の重要性が問われる。

長年、ドイツで日本人のスタディツアー参加者を受け入れてきた白石文子は、日本の大学（生）側の問題意識の欠如について次のような苦言を呈する（恵泉女学園大学人間社会学部・文部科学省特色GP、2008、52）。

学生たちは、先生の言うことを聞き非常にいい人たちで、スタッフにとってはやりやすいのです。でも、スタッフたちは子供が来たと思っているのです。何をしに来たんだろう、今日、私は疲れているから寝なければいけないという健康状態も自分で把握できないで来ている人もいる。こうした学生たちに対して受け入れ側はやはり疑問を感じざるを得ないのです。ドイツ人が学生たちに日本語で意見を聞いても、ドイツ語で意見を聞いても、英語で意見を聞いても反応が出てこないこともあるのです。

事前学習では、しっかりと教室で知識をインプットさせていると思いますが、せっかくお金を払うのですから、海外のプログラムに参加する前に国内での体験学習を実践してから参加することはできないのでしょうか。

せっかく外国にまで行くのですから問題意識を持って日本国内に目を向けるということをもう少し意識化させた後で、それでは、外国はどうなんだろう、これで知識を得るのはどうなんだろうと考えた上で、現地学習やフィールドスタディをしていただいたら、高いユーロを払ってドイツまで来て行う意味があるのではないかと思います。しかし一方で、これが大学教育の限界なのかというような気も致します。

何よりも教育カリキュラムの全体の流れにスタディツアーが組み込まれる戦略性が求められ、さらに理念や目的の明確化が必要となる。スタディツアーには多様な幅や水準のものがあってもかまわない。それが入門的なものであろうが、研究調査のためのフィールドワーク的なものであろうが、参加者の問題意識や知識レベル、現地での目的が教育的な意義を見出せるプログラムづくりをしているのであれば、そのこと自体を問題視する必要はない。

けれども、楽しさ、面白さ、華やかさなどを売りにしたスタディツアーが横行し、教育機関としてのカリキュラム（プログラム）が不十分であれば、体制の強化と整備が急がれ、そのためにもカウンターパートであるＮＧＯや旅行会社とともに、カリキュラム（プログラム）づくりの協力や連携が急がれる。

多くの場合、スタディツアーの理念や目的には、人材育成的な側面における学生の変化（意識化や成長など）に加え、海外の人びととの生活水準の改善など国際協力や開発の理念とつながることが多い。特に、実態としてのスタディツアーは参加者（学生）を受け入れる現場（受け入れ側）にかなりの負担や副作用をもたらすことがある。大橋正明はこの点について三つの負のインパクトを指摘した。一つは、訪問がもたらす現地の人びとに対しての負担問題である。参加者から参加費をもらい、旅行会社やホテル、レストランなどでは有償の消費を続けながらも、他方ではスタディツアーの最大の目的である現地の人びとに、無償または奉仕的な関与を求めてしまう非対称性の問題である。もう一つは相互交流や国際交流を模索するスタディツアーが、豊かな人びとの一方的な訪問に偏っている非対称性である。そして第三に、貧困や人権侵害、環境破壊など相手社会のネガティブな面に外国人が大勢で触れるという道義的かつ物理的なリスクが伴う問題である（恵泉女学園大学人間社会学部・文部科学省特色ＧＰ、２００８、12-13）。

結局、これらの課題や限界の改善は、スタディツアーの理念と目的、企画力の質が問われ、そのようなカリキュラムをつくりだせる専門性のある人びとが構想と立案から深く関わるべきである。そのような専門家が不足している現在、教員、職員や部門の育成・強化が急がれるが、補完策としてアウトソーシングに頼ることは問題の根本的な解決につながらず、教養教育、専門教育またはグローバル教育などを紡ぎつつ、大学教育全般の理念を貫く本来性が強く求められる。

参考文献

市原芳夫　２００４『スタディツアーのすすめ』、岩波書店
冠野文　２００１「国立大学における教養部の解体―共通・教養教育のあり方をめぐって―」『大阪大学大学院人間科学研究科紀要』第27巻
金敬黙　２０１３「地域社会は国家を超えることができるだろうか」渋谷努編『民際力の可能性』、国際書院
恵泉女学園大学人間社会学部・文部科学省特色ＧＰ　２００８「専門性を持った教養教育としての体験学習」
野中春樹　２０１０「内外のＮＧＯとの連携―スタディーツアーの実践」日本国際理解教育学会編『グローバル時代の国際理解教育―実践と理論をつなぐ』、明石書店
藤原孝章　２０１４「特定課題研究プロジェクトについて」『国際理解教育』第20号、明石書店
藤原孝章・栗山丈弘　２０１４「スタディツアーにおけるプログラムづくり―『歩く旅』から『学ぶ旅』への転換」『国際理解教育』第20号
山口誠　２０１０『ニッポンの海外旅行―若者と観光メディアの50年史―』、筑摩書房

【コラム】

JSTによるスタディツアー

JST

1　JSTの紹介

JSTは名古屋本社で36周年を迎える海外旅行専門の旅行会社です。「旅は学びの原点」という教えの下、旅を通してお客様の人生を豊かにすることを目指しています。特に若いうちに海外へ行って自分の世界を広げることを勧めていますので、愛知県内の学生たちが海外に行くサポートもさせていただいています。お客様と近い関係だからこそできる、親身なアドバイスやサポートで名古屋から世界へと羽ばたく人材を輩出しています。

2　スタディツアーについて

学生のうちに、グローバル感覚を身に付け、広い視野を持って様々な観点から考えられる人材を育てるため、また、学生生活を海外体験をきっかけに充実させるため、スタディツアーを取り扱っております。今まで、某大学ではハワイ研修を行い、現地ホテルやオフィスを訪問したり、某専門学校では、ロンドン・パリの研修を実施してきました。そしてそれに加えて、毎年春と夏に海外ボランティアツアーを行っています。こちらはボランティアをすることが目的ではなく、ボランティアという「ツール」を通して人生を豊かにしてほしいと考えています。ボランティアを通して、「世界を知り、日本を知り、新しい自分に出逢う旅」を提供しています。現在は、左記3本のツアーを行っています。

フィリピン・マニラにて、スラム街での食糧支援と現地大学生との交流を行う、「フィリピン国際交流プログラム」。タイ・チェンライにて山岳民族の村でホームステイをしながら建設作業を行う、「タイ山岳民族ボランティア」。そして、インドネシア・バリ島の孤児院で活動をする、「バリ島孤児院ボランティア」です。

様々な大学から参加者が集まるため、大学や学年の垣根を越えた交流ができ、多くの人の価値観に触れることができます。

スタディツアーを作る際は、要望を聞いて作るというよりは、学生たちに「こんな経験をさせたい。こんな世界をみてほしい。」という観点から先にサンプルプランを作り、それを学校の要望と擦り合わせながら形にしていきます。

ボランティアの場合も同様で、こちらでプランを作り、現地受け入れ先と打ち合わせをしますが、参加者に合わせてコンテンツを変えていきます。オリエンテーションの際にアンケートをとって皆の想いや求めていることを引き出し、それを実現するために課題を与えたり、内容を追加していきます。そしてこれを可能にするのが現地との信頼関係です。私たちと同じ想いを持った、ベクトルの合っている現地受け入れ先があるからこそ、現地に赴いた際に参加者を感動させることができます。

信頼できるパートナーと一緒に「想い」を「形」にしていくことで、スタディツアーは成り立っています。

3　ねらい

現地での経験も重要ですが、帰国後にどう過ごすかが最も重要だと考えています。

私たちは出発前から帰国後までしっかり参加者をサポートします。一人では踏み出しにくい海外へのスタディツアーですが、添乗員や他のメンバーと一緒に行くことで安心もできますし、出発前もしっかりケアをしますので、その一歩を踏み出し易くします。

また、添乗員がいることも重要な点です。ただ新しい世界を経験するだけでは、「楽しかった」で終わってしまいます。添乗員は活動中には参加者と一緒に活動し常に傍でサポートし、夜は毎晩ミーティングやワークショップを開いて、みんなの意見や想いを共有し、より充実した時間を過ごせるように導いていきます。

参加者には現地での経験だけでなく、帰国後のモチベーションにつなげられるように現地で参加者の想いや考えを聞き、帰国後のサポートに生かしています。

4　注意をしていること

現地で注意していることは大きく二つありまして、一つはメンバーの役割、もう一つは体調・安全管理です。一つ目は、メンバーの役割を添乗員というより先生目線で見ています。「あの子にどんな役割をしてもらおうか、あの子をリーダーにしてみようか」など、メンバー達をどう成長させるかを考えて役割を与えるようにしています。また、もう一つの体調・安全管理については、これは添乗員としての大きな役割となります。慣れない環境での活動となるので、体調を崩してしまうこともあり、しっかりとメンバーの様子を観察する必要があります。体調を崩してしまった際には無理をさせずに休ませることも重要になってきます。時間は限られているため、できれば本人の意思を尊重して頑張らせたいところですが、しっかり休ませるようにしています。

5　今後の展望

今後もより多くの学生の視野を世界に広げるきっかけを提供するために、スタディツアーを広げていきます。さらに、ただ楽しいだけじゃなく、ただ良い経験をするだけでなく、帰国してから次のステップに生かせるような場所を提供していきます。現地の経験を通して芽生えた想いを消さないように、帰国後もつなげていきます。スタディツアーは最初のステップに過ぎません。目的でもありません。次につなげる最初にして最大の一歩です。

そんな機会を国内外で提供していくことで、多くのグローバルな意識を持った学生を社会へと送り出していきたいです。自分に自信を持ち、幅広い視野をもった学生が増えれば、名古屋はもっと盛り上がっていくと信じています。

大学生による政策実現の実際

――中京大生の豊田市における取り組みを事例として

桑原英明

1　問題の所在

工学や医学系の領域では基礎研究を基盤として、産官学の連携による実践的な製品・サービス開発は日常的な出来事といっても過言ではない。また、ビジネスの領域では、消費者でもある学生（顧客としての学生）による柔軟な発想をもとに商品企画とその事業化の流れが幅広く普及している。他方で、公共政策の領域では地域振興やまちづくりの観点から、学生による政策提案や政策立案コンテストが多数実施されているが、その多くは提案レベルに止まっている。政策のユニークさというよりはむしろ、予算の制約、さらには多くの場合に当該課題に関与する関係者が多岐にわたるが故に、新たな公共政策の実現には時間もかかり、行政的および政治的な実現可能性をクリアするのは容易なことではないからである。このため、実務の側からみるとメディアを通じた話題づくりや、さらには住民参加のまちづくりの一環として政策提案や政策立案コンテストを企画・推進することはあるとしても、その実現化を図るためには、さらに高いハードルをクリアする必要があるといえる。

こうしたなか、中京大学総合政策学部の学生たちが、先輩たちの取り組んだ豊田市での政策立案コンテストの成果を受け継いで、その政策実現までを都合2年で成し遂げるに至った。[1] 本章では、まず政策形成過程に住民である学生が参画することの理論的背景と意義について説明した後に、今回の政策実現までの経緯を時間軸に沿って記憶にとどめることにしたい。その際、学生たちが、とりわけ事業化にあたってハードルとなった諸課題にどのように立ち向かい、いかにして問題解決へと結びつけたのか、そしてこの政策過程に登場するアクター相互の関係性はいかなるものであったのかに焦点をあてて以下の記述を進めることにする。

1　2014年度の卒業生である神谷明里、伊藤草太、小林佑太、小柳津修一の4名が中心となって、これに3年の加藤亜実、佐守良太、服部竜二が加わり、豊田市の政策立案コンテストと事業化コンテストに参画した。これを受けて、2015年度の3年生である上田彩加、葛谷知美、立花唯の3名が、後に岡本沙季が加わり4名が、豊田市SBD実行委員会の幹事として事業化の企画立案と実施とを推進した。

2　政策形成過程に学生が参画する理論的な背景と意義

日本の地方自治制度は、首長と議員をともに住民の直接選挙で選ぶ二元代表制を採用している。しかしながら厳密には、首長優位の二元代表制と呼んだ方が適切である。確かに、予算と条例案の議決権は議会にある。しかしながら、予算の議会への提案権は首長のみに与えられた権限であり、議会への条例案の提案も、議員提案はあるものの実態としては大半が首長提案となっている。他にも首長には専決処分権や組織編成権、人事権など広範な権限が委ねられているからである。[2]

また、首長を支える行政機構は、首長部局とともに委員会・委員にも行政権限を付与する執行機関多元主義をとっているが、首長は総合調整権を有しているため、実態的には首長を決裁権限者とするピラミッド型の組織編成であるとみて差し支えない。[3] 他方で、行政機構の編成は厳格な分業制を基本としているため、当該部課のみが所掌している業務については迅速な決定と執行が可能であるが、他の部課との協議や合議《あいぎ》を要する事項については、場合によっては縦割行政やセクショナリズムの弊害が現れることも稀ではない。また、課を単位として政策形成と政策実施とを分担管理する原課主義をとる行政機構では、部課の間で生じた協議や合議の事項について、より上位の部署が指示や命令をだして統制することはない。それぞれの課が行政運営の基盤となる個別の法律や条例などの制度的な根拠を分掌しており、予算の編成や執行も課を単位としているからである。[4]

このため、政策過程における首長およびこれを補佐する行政機構の影響力は制度的にも実態的にも極めて大きい。とりわけ、公共政策の形成過程と実施過程においては、首長とこれを補佐する行政機構の役割は決定的である。他方で政策形成過程における議会の影響力は大きいものの限定的であり、住民には陳情・請願といった直接請求権があるものの、政策形成過程に住民が参加する機会は限られている。たとえば、パブリック・コメント制度にみられるように、行政機構が作成した素案に対して住民が意見を述べる機会をあらかじめ設けている場合や、審議会の委員に公募枠を設けて住民の意思を反映することはあっても、あくまでも素案の作成は長および行政機構に委ねられているといって差し支えない。

しかし、これからの人口減少・超高齢社会への対応、そして分権型社会やガバナンス型社会への対応を迫られている日本の地方自治体にとって、従来型の政策過程の在り方を再構築することは喫緊の課題といえる。とりわけ、これまで首長と行政機構が専管してきた政策形成過程への住民の参画機会の増大は、クリアすべき大きな課題のひとつといえる。なぜなら、人口規模が縮小し超高齢社会となれば、そのままでは経済規模の縮小と住民負担の増大を避けることは難しく、直接的には自治体財政

2　詳しくは、磯崎・金井・伊藤（２０１４、57-68頁）を参照。
3　詳しくは、同じく磯崎・金井・伊藤（２０１４、69-77頁）を参照。
4　詳しくは、同じく磯崎・金井・伊藤（２０１４、189-199頁）を参照。

や行政機構の縮減につながることは必定といえるからである。このため、これまでのように自治体行政が総花《そうばな》的に自治体政策を形成し、展開することは極めて困難となる。同時に、成熟した民主主義社会では、行政が主導して政策形成を行うというよりは、むしろ住民がまちづくりの主役となって、自治体行政が住民を支援するパートナーシップや連携が基本となる。ここにおいて、政策形成過程においても住民参加から本格的な住民参画となることが不可欠となるわけである。

こうした社会経済環境の変容のなかで、ＩＣＴ（情報通信技術）化による業務の効率化を図りながらも、自治体政策の効率化と成果志向を達成する道筋をつけることは容易なことではない。このためには、単なる行政経営の発想ではなく、自治体が有するさまざまな地域の資源を掘り起こし、信頼のメカニズムを醸成するなかで、これらをネットワーク化し、活性化する地域経営の発想が不可欠といえる。そして、このメカニズムを構築する鍵を握るのが公務住民[5]である。ここで、公務住民とは住民として公共政策の形成と実施に参画する人たちのことである。また、公務住民には二つの類型があり、一つめは自治会・町内会といった地域の課題全般に対処している団体であり、二つめはＮＰＯやＮＧＯといった環境や福祉など特定の課題に関心を持って活動している団体である。なお、住民は、これまで主権者としての市民とともに、公共サービスの受益者としての対象住民が、その中心的な役割であったが、今後、住民の第３の役割として公務住民に大きな期待が寄せられている。

ところで、公務住民としての学生をどのように位置づけるべきであろうか。学生の本分は、いうまでもなく大学等で学業に専念し、そこで培った多様な能力を活かして卒業後はひとりの社会人として働き、そして何らかの形で地域や社会に貢献することであろう。こうした点からも、一部の学生を除いて、これまで学生は、地域との接点が希薄な存在であったことは間違いない。しかし、1995年の阪神淡路大震災を大きな転換点とし、2011年の東日本大震災を経験することにより、学生たちのボランティア活動や公益活動が広がりを見せている。とりわけ公共政策や地域政策を学ぶ学生にとっては、行政実務と政策学の境界である政策形成過程への参画は魅力的な領域であるといえる。また、行政の実務家や地域との連携を進めるなかで、多次元的な行政判断の実態に触れることにもなるわけで、政策学の理論を再確認し理解を深めるとともに、その実践にも関与できることは大変意義深いことといえる。

他方で、政策形成過程への住民の参画を自治体行政が進める際の最大の課題は、公平性をいかにして確保するかである。当然ながら、それぞれの公共政策の形成には、多くの利害関係者（stakeholder）が関与しており、その中には積極的な推進者や反対者もいれば、中立者や無関心者など、多様な住民が存在している。このため、政策形成のプロである自治体行政といえども、公務住民と連携して公平な立場から複雑な政策形成過程に踏み込むことに躊躇があることは想像に難くない。この点において、これまで地域との関わりが少ない学生、とりわけ公共政策を学ぶ学生が、公務住民として政策形成過程に参画することは、いくつもの課題[6]があるものの比較的ハードルは低いのではないかと見ることが

5　西尾（2004［金井利之］21-46頁）、人見（2000［江藤俊哉］221-226頁）、大森彌（1990、232-237頁）など。

できる。その大きな理由は、地域との関わりが少ないがゆえに地域の利害関係との距離が遠いこと、理論的な知識に偏りがちなものの政策過程への一定の理解があることのために、むしろ公平な立場から政策過程に関与できるからである。

さて、以上のように簡単ではあるが、政策形成過程に公務住民としての学生が参画する理論的な観点を検討したうえで、具体的な学生による政策実現の事例を見ることにしよう。

3　市町村合併10周年記念事業への応募から事業化へ

1　応募から政策提案報告会まで

２０１３年３月29日に豊田市と市内にキャンパスを有する４大学（中京大学、愛知工業大学、愛知学泉大学、日本赤十字豊田看護大学）・1高専（豊田工業高等専門学校）は、大学と地域との包括連携の推進に係る提携を結んだ。中京大学も豊田キャンパスを擁していることから、この協定締結に参画した。いうまでもなく、豊田キャンパスを拠点とするスポーツ科学部と現代社会学部、および工学部とは、既に教員個人、ゼミ単位あるいは学部単位で豊田市のまちづくりに長らく関与していたが、大学が有する多様かつ専門的な資源を積極的かつ継続的に地域に還元するためにも、この包括連携協定を締結した意義は大きいといえる。つまり、中京大学から見れば、豊田キャンパスに在籍しているおよそ5千人の学生や教職員が、協定締結を機にソフト面で豊田市の発展に寄与できる制度的な裏付けができたことになる。他方で、豊田市から見れば、学生たちが市の事業やイベントの企画立案や運営に携わることや、教員が大学の枠を越えて生涯学習や地域づくりに参画することを可能とする制度的な仕組みができたことになる。その後、これら6者は連携を具体的に進めるための制度的な組織として、豊田市大学等連携協議会を作り、共同で実施して行く事業を検討することも含めて包括連携の一歩をさらに進めている。

一方、2014年度は近隣の7自治体が合併して新生豊田市が誕生してから満10年を迎える節目の年でもあった。それまで、旧豊田市はトヨタ自動車他の製造業を中心とした多くの会社の本社・事業所が立地する愛知のモノづくりを代表する産業都市であったが、近隣の農村型自治体との合併を経ることにより、新生豊田市はさらに多様な地域特性を有するに至った。こうした事情もあって、自治体としてのアイデンティティをより強固なものとし、新生豊田市の発展の基盤を構築するべく、各行政部局の特性を活かした様々な新規事業が、この年から次々と打ち出されることになる。[7] そのひとつが、豊田市経営戦略室が4月10日に記者発表した「学生発⇓豊田市まちづくり提案」の企画であった。こ

6　学生たちは公共政策の理論を学んでいるといっても実務の知識や経験に乏しい。また、社会的なスキルが十分に身についているとは言い難い。さらには、こうした課題を考えると、対等な立場で政策形成に参画するとは具体的にどのような条件を満たしていることか、など課題は尽きない。

れは市内にキャンパスを有する5大学等はもとより市外の学生をも対象として、新生豊田市のまちづくり提案を広く募集する政策立案コンテストであった。今回は「ミライのフツーを目指そう」というテーマのもと、学生らしい自由な発想を大切にして、ミライの豊田市では、このようなことがフツーになっていたら良いなという将来像を描き、これを政策提案に結び付ける企画であった。

この政策コンテストに参加するべく、中京大学総合政策学部桑原プロジェクト研究（通常の大学では、ゼミナールやゼミと呼んでいるもので、以下ではP研と略す）に所属する7名の学生（内4年生が当初は3名で後に4名、3年生が3名）をメンバーとして、当P研内に「豊田市プロジェクト」を編制することにした。その上で、学生たちは、何度か企画会議を開き検討を重ねていたが、当該年度の桑原P研の研究テーマが「防災まちづくり」であったこともあり、最終的には仮のテーマとして、「豊田市の防災まちづくり」とし、5月29日のエントリー締め切りの日に電子メールで担当部署である経営戦略室の担当者に、無事エントリーシートを提出した。学生たちの企画書の概要は以下の通りである。

「豊田市の防災まちづくりに関する現在の施策を検証するなかで、そこに潜んでいる諸課題を掘り起こし、解決策の具体的な方向性を探求して行きたい。全国的に見ると、旧来の青年団活動を基盤とした水防団や消防団の後継者が減少する一方で、その高齢化が著しい傾向にある。とりわけ、豊田市は平成の大合併で市域を飛躍的に拡大したことにともない、都市的地域と農村的地域との間で、諸条件の潜在力に相当の開きがあるのではないかと推察される。学生目線を大切にしながら、説得力のある政策提案へと結び付けて行きたい。」

ところで、学生たちのこの時点での目論見は、政策提案の締め切り日は10月末日であったこともあり、夏休みに集中的に仮のテーマについて研究を進めることであった。言うまでもなく、この政策提案の中心メンバーである4年生はこの時期、民間企業を目指す者は就職活動の真最中であり、公務員試験を目指す者も、次々と筆記試験の日程が迫ってくる状況であった。また、3年生たちも、通常のP研活動や授業に追われており、7人が集まって企画会議を定期的に開くことは容易なことではなかった。

しかし、豊田市の担当部署のこの企画にかける意気込みは私たちの想像をはるかに超えていた。エントリーシートの締め切りからほぼ1か月後の6月27日に、それぞれのチームを指導する担当教員、学生の代表者、および大学の包括連携担当部署に、エントリーの状況や、参加チームを支援する豊田市のそれぞれの担当部署のリスト一覧、そして、学生たちを激励する内容のニュースレターである「Newsletter 学生まちづくり提案～ミライのフッー信～vol.1」が、電子メールで一斉に配信された。以後、ほぼ2週間に1回のペースで、このニューズレターが配信された[8]。以後、都合9号に及ぶニュ

7　この後、学生たちが応募した企画政策部企画課が担当する「ミライのフッー☆チャレンジコンテスト」もこの一環の事業のひとつである。

8　この間の詳細な経緯については、拙著（2015）「大学と地域の連携推進に関する事例研究‐総合政策学部学生による豊田市まちづくり提案からその事業企画の提案まで」『総合政策論叢』第6巻を参照して頂きたい。

ーズレターには、学生チームを豊田市が全庁的に支援する旨の姿勢が明確に示されており、[9] あわせて若者と豊田市内の市民活動団体との連携や交流を促す情報提供などが含まれている。これらのことからも、単に各行政部局による支援のみならず豊田市が有するさまざまなリソーシズ（資源）とのコラボレーションをも念頭においた政策コンテストであることが伝わってきた。

さて、市の担当部署からその後も次々とニューズレターが届けられてきたが、7月末までは学生たちの企画会議は開店休業の状態であったといってもよかった。しかし、この頃になると民間の就職活動や公務員試験に区切りをつけた学生が代表者を含めて2名でてきた。[10] そこで、彼らを学生チームの幹事役として夏休み以降の研究計画の作成を進めることにした。消防団を所管しているのは消防本部総務課であるが、当該部署にヒアリングに行くのに先立って、まずしっかりと文献調査を行うこととし、幹事たちはおよそ一週間の時間をかけて消防団活動の現状と課題に関する文献リストの作成と、その中の主な先行研究を入手して持ち寄ることとした。7月30日に研究室に集合し、当方と幹事2名とで、お互いに作成した文献リストと主な先行研究を精査することにより、今回の政策提案に関連すると考えられる主要な先行研究を10点余りに絞り込み、その上で幹事2名が分担して、それぞれの論文の要約を作成することとした。

他方で、市の事務局の担当者に、私たちの支援部署である消防本部総務課に依頼して、豊田市の消防団活動の現状と課題について聞き取り調査を行いたい旨を伝え、日程調整をお願いした。その結果、8月7日午前に豊田市役所東庁舎の会議室で、当方の学生が4年3名と3年3名、市役所からは事務局である経営戦略室の担当者（担当長）他とともに消防本部総務課から2名（消防司令補ほか）、そして市長部局の企画政策部企画課からも1名（主任主査）が加わり、およそ2時間に及ぶ聞き取り調査を実施した。その後学生たちは数回の企画会議を持ち、9月12日の市役所での中間報告会に臨むこととなった。そして、この中間報告会でのアドバイスを受けて、9月28日に開催される豊田市産業フェスタにおいて豊田市消防団のブースの一部を使って、来訪者の方々にアンケート調査を実施するとともに、当日そこに詰めている消防団員数名にインタビュー調査を行うことになった。その後も、学生たちは別の機会に、紹介を受けた都市部在住の消防団員に追加のインタビューを実施している。

産業フェスタから戻った学生たちは、以後、政策提案書の締め切りまで連日のように中京大学総合政策学部のステューデント・ルーム[11]あるいは図書館のグループ学習室に集まり作戦会議を続けた。そして無事に、10月30日には事務局に政策提案書を電子メールで送付することができた。そして、事前の予告通りの11月8日に審査結果が届いた。当初18チームのエントリーがあり、このうち政策提案書

9　行政部局が縦割りであることを率直に示し、その上で学生の柔軟な発想で、これを乗り越えてもらいたいというメッセージが市の担当者から寄せられている。

10　団員は、普段はそれぞれの仕事を持ちながら、いざというときには地域の消防・防災活動に従事する特別職の地方公務員の身分を有している。

11　学生たちが学期中の授業日ばかりではなく休日や祝日、あるいは休暇中に自由に討論やグループワークができる演習室。

を提出したチームが15であったが、当P研の学生たちは6番目の順位であった。わずかに上位3分の1に入らなかった。なお、最終審査に残ったのは10チームであったから、この中では上位2分の1にわずかに届かなかったことになる。同時に、5項目（①必要性、②有効性、③実現可能性、④未来志向性、⑤独自性）に関する審査結果が伝えられた。必要性、有効性、独自性では、上位チームと遜色ない評価であったが、未来志向性が低い評価にとどまっていた。学生たちが提案した政策は、消防団への1日体験入団をきっかけに若者を対象とする（仮称）青年防災クラブ[12]を結成し、ここから将来的には消防団への入団者や地域の自主防災組織のリーダーを養成しようとする内容であった。実現可能性を重視するあまり未来志向性についての検討が必ずしも十分ではなかったといえる。ただし、この政策提案の段階での実現可能性といっても、後日、政策実現の段階へと歩を進めた時には、この時点での政策提案は、あまりにも漠然としていて甘い想定であったことを学生たちは思い知ることになる。この点については後述することにしたい。

ちなみに、書類審査の結果が発表される前に、市の担当者から寄せられたニューズレターには、報告会当日のボランティアスタッフを募集する旨の告知があった。当方のチームには、合計で7名のメンバーがいたことや、政策提案書を作成する過程で多くの関係者の支援を得てここまで辿り着けたことを鑑みて、書類選考の結果に関わらず報告会当日のボランティアスタッフに応募することにした。たとえば、演劇の世界でも壇上に立ってスポットライトを浴びる役者だけで舞台を切り盛りできるわけではなく、照明や美術・小道具・大道具・音響スタッフといった多くの支える人たちがいて、はじめてひとつの公演が成り立っていることを理解しておくことが不可欠と考えたからである。

他方で、この間に、今回の経営戦略室が担当する学生主体の政策提案とは別に、ニューズレターの配信網を使って、市の企画政策部企画課が担当する「ミライのフッー☆チャレンジコンテスト」をこれから募集する旨の情報提供が行われている。このコンテストは、豊田市で活動する市民活動団体を対象として、採択された団体には最高で100万円までの事業支援を行うものである。学生による政策立案コンテストが最終段階に至った時点で、市民活動団体を対象として次年度の事業支援を行う事業提案コンテストの案内が告知されたことは、今回の学生による政策立案コンテストの選に漏れたチームに新たなチャレンジの機会を提供するとともに、学生が主体となった市民活動団体を育成・支援しようとする市の積極的な姿勢をうかがうことができる。

さて、当方の学生たちは書類審査を無事に通過したものの、依然としていくつもの課題を抱えていたこともあり、連日のように企画会議を繰り返していた。11月17日には、豊田市役所において追加のヒアリング調査も実施している。こうして、11月26日の報告会を迎えた。各チームによる報告会は午後からの開催であったが、これと並行して10チームの報告を一同でみることができるポスターセッションの会場が設けられた。来場者は壇上での報告会の開催前と休憩時間中に自由にポスターセッショ

12　市内には、幼稚園・保育園児を対象とした幼年消防クラブおよび小学生を対象とした少年消防クラブが既に結成されていたが、高校生などの青年を対象とする防災クラブは未組織の現状にある。

（写真１）ポスターセッションでの展示

ンの会場に出向くことができるように工夫されていた。審査員の面々も休憩時間にポスターセッションの会場を見て回るなど、報告会における各チームの報告時間は10分と限られていたが、ポスターセッションでは自由に質疑応答ができる工夫が活かされていた。そして、10チームの報告と審査員による審査の結果、当方の学生たちは最優秀賞、優秀賞、奨励賞こそ逃したが、特別賞のひとつ（もうひとつは豊田市商工会議所賞）として書類選考後に新たに設けられた豊田青年会議所賞（5位相当）を受賞した。結果的には書類選考の時点より、ひとつ順位を上げたわけである。

2　政策提案報告会から事業化提案へ

以上のように、4年生と3年生の混成チームにより何とか政策提案報告会を終えることができた。4年生は途中に就職活動や公務員試験に忙殺され、3年生は通常の授業やP研との両立に苦心した結果の受賞といえる。しかし、努力の結果に対する成果としては、やや物足りないという思いが担当教員自身にはあった。それは、前年度の4年生たちが松阪市の政策提案報告会において最優秀賞を受賞し

石風社《せきふうしゃ》
出版案内 2016.3

〒810-0004 福岡市中央区渡辺通 2-3-24 ダイレイ第5ビル 5F
☎ 092(714)4838　FAX 092(725)3440
URL : www.sekifusha.com　Mail : stone@sekifusha.com

＊価格は本体価格(税別)で表示しています。

画・甲斐大策

＊価格は本体価格(税別)で表示しています

石牟礼道子
はにかみの国　石牟礼道子全詩集
978-4-88344-085-6
A5判上製／170頁／02・8

芸術選奨文部科学大臣賞　石牟礼作品の底流に響く神話的世界が、詩という蒸留器で清冽に結露する。一九五〇年代作品以降の三十数篇を収録した、石牟礼道子第一詩集にして全詩集　**【3刷】2500円**

阿部謹也
ヨーロッパを読む
4-88344-005-4
四六判上製／507頁／95・10

「死者の社会史」、「笛吹き男は何故差別されたか」から「世間論」まで、ヨーロッパにおける近代の成立を鋭く解明しながら、世間的日常と近代的個に分裂して生きる日本知識人の問題に迫る阿部史学のエッセンス**【3刷】3500円**

浅川マキ
こんな風に過ぎて行くのなら
4-88344-098-2
四六判上製／212頁／03・7

ディープにしみるアンダーグラウンド──。「夜が明けたら」「かもめ」で鮮烈にデビューするも、常に「反時代的」であり続けた歌手。その三十年の歳月を、時代を、そして気分を照らし出す、著者初のエッセイ集**【3刷】2000円**

中村　哲
医者、用水路を拓《ひら》く
アフガンの大地から世界の虚構に挑む
978-4-88344-155-6
四六判上製／377頁／07・11

「百の診療所より一本の用水路を！」。戦乱と大旱魃のアフガニスタンで、千六百本の井戸を掘り、全長約二十五キロの用水路を拓く。真に世界の実相を読み解くために記された渾身の報告　**【5刷】1800円**

＊小社出版物を直接小社宛にご注文下されば、代金後払いにて送本致します(送料不要)。
＊小社出版物が店頭にない場合には、「地方小出版流通センター」扱いとご指定の上、最寄りの書店にご注文下さい。

＊価格は本体価格(税別)で表示しています

中村 哲

ペシャワールにて［増補版］癩《らい》そしてアフガン難民

978-4-88344-050-4　四六判上製／261頁／92・3

数百万人のアフガン難民が流入するパキスタン・ペシャワールで、ハンセン病患者と難民の診療に従事する日本人医師が、消費社会に生きる人々に向けて放った痛烈なメッセージ　【8刷】1800円

中村 哲

ダラエ・ヌールへの道　アフガン難民とともに

978-4-88344-051-1　四六判上製／323頁／93・11

一人の日本人医師が、現地との軋轢、日本人ボランティアの挫折、自らの内面の検証等、血の噴き出す苦闘を通して、ニッポンとは何か、「国際化」とは何かを根底的に問い直す　【5刷】2000円

中村 哲

医は国境を越えて

4-88344-049-4　四六判上製／355頁／99・12

貧困・戦争・民族の対立・近代化——世界のあらゆる矛盾が噴き出す文明の十字路で、ハンセン病治療と、山岳地帯の無医村診療を、十五年に亘り続ける一日本人医師の苦闘の記録　【7刷】2000円

中村 哲

医者 井戸を掘る　アフガン旱魃《かんばつ》との闘い

978-4-88344-080-1　四六判上製／285頁／01・10

「とにかく生きておれ！ 病気は後で治す」。最悪の大旱魃が襲ったアフガニスタンで、現地住民、そして日本の青年たちと共に千の井戸をもって挑んだ医師の緊急レポート　【12刷】1800円

中村 哲

辺境で診《み》る 辺境から見る

978-4-88344-095-5　四六判上製／251頁／03・5

「ペシャワール、この地名が世界認識を根底から変えるほどの意味を帯びて私たちに迫ってきたのは、中村哲の本によってである」(芹沢俊介氏)。一日本人医師の思考と実践の軌跡　【5刷】1800円

中村哲＋ペシャワール会 編

空爆と「復興」　アフガン最前線報告

4-88344-107-5　四六判並製／478頁／04・5

破壊と欲望が、復興と利権が野合するアフガニスタンの地で、日本人医師と青年達が、米軍による空爆下の食糧配給支援から用水路建設まで、修羅の舞台裏で記した四年間の実録　【2刷】1800円

高橋修 編著　橋本康範／伊藤和也他 著

アフガン農業支援奮闘記

978-4-88344-184-6　A5判並製／401頁／10・3

異なる文化、過酷な風土の中で、悪戦苦闘しつつ積み重ねられた農業支援プロジェクトを担ったひとりの農業指導員と、若き日本人ワーカーによる六年余の克明な活動報告集　2500円

甲斐大策

生命《いのち》の風物語　シルクロードをめぐる12の短編

4-88344-038-9　四六判上製／270頁／99・3

「読者はこの短編小説集に興奮する私をわかってくれるだろうか」（中上健次氏）。苛烈なアフガンの大地に生きる人々、生と死、神と人が灼熱に融和する世界を描き切る神話的短編小説　1800円

甲斐大策

シャリマール　シルクロードをめぐる愛の物語

4-88344-037-0　四六判上製／271頁／99・3

イスラム教徒でもある著者による、美しいイスラムの愛の物語集。玲瓏たる月の光の下、禁欲と官能と聖性、そして生と死の哀しみに満ちた世界が、墜落感にも似た、未知の快楽へと誘う　1800円

甲斐大策

聖愚者《せいぐしゃ》の物語

4-88344-103-2　四六判上製／292頁／03・9

最も神に近い人々――愚かさと高貴に満ち、剛毅で嘘つきで裏切り、信じ、戦い、命で贖う。灼熱の大地に流離う男・女・老人・子供・難民・職人・族長……魂揺さぶる四十七の掌篇小説集　1800円

＊価格は本体価格(税別)で表示しています

渡辺京二
細部にやどる夢　私と西洋文学
978-4-88344-207-2　四六判上製／187頁／11・12
少年の日々、退屈極まりなかった世界文学の名作古典が、なぜ、今読めるのか。ディケンズ、ゾラからブルガーコフ、オーウェルまで、小説を読む至福と作法について明晰自在に語る評論集　1500円

井上佳子
三池炭鉱「月の記憶」　そして与論《よろん》を出た人びと
978-4-88344-197-6　四六判上製／255頁／11・7
囚人労働に始まった三井三池炭鉱百年の歴史。与論出身者、中国人、朝鮮人など、過酷な労働により差別的に支配されながら、懸命に働き、泣き、笑い、強靭に生き抜いた人々を描く　【2刷】1800円

麻生徹男
上海より上海へ　兵站病院の産婦人科医
A5判上製／260頁／93・8
従軍慰安婦・第一級資料。兵站病院の軍医が、克明に記した日記を基に綴った回想録。看護婦、宣教師、ダンサー、慰安婦……戦争の光と闇に生きた女性たちを、一人の人間の目を通して刻む【2刷】2500円

工藤信彦
わが内なる樺太　外地であり内地であった「植民地」をめぐって
978-4-88344-170-9　四六判上製／311頁／08・11
一九四五年八月九日、ソ連軍が樺太に侵攻。戦争終結後も戦闘と空爆は継続され多くの民衆が犠牲となった。十四歳で樺太から疎開した少年の魂が、樺太の歴史を通して国家とは何かを問う　2500円

ジミー・カーター　飼牛万里 訳
少年時代
4-88344-099-0　四六判上製／378頁／03・8
米国深南部。人種差別と大恐慌の時代、家族の愛に抱かれたピーナッツ農園の少年が、黒人小作農や大地の愛情に育まれ、その子供たちと共に逞しく成長する。全米ベストセラーの元米国大統領自伝　2500円

富樫貞夫

水俣病事件と法

4-88344-008-7

A5判上製／483頁／95・11

水俣病問題の政治決着を排す一法律学者渾身の証言集。水俣病事件における企業、行政の犯罪に対し、安全性の考えに基づく新たな過失論で裁判理論を構築、未曾有の公害事件の法的責任を糺す

5000円

成 元哲 編著　牛島佳代／松谷 満／阪口祐介

終わらない被災の時間

原発事故が福島県中通りの親子に与える影響《ストレス》

978-4-88344-250-8

四六判上製／281頁／15・3

放射能と情報不安の中、幼い子供を持つ母親のストレスは行き場のない怒りとなって、ふるえている——。避難区域に隣接した中通り地区に住む母親を対象としたアンケート調査の分析と提言

1800円

冨田江里子

フィリピンの小さな産院から

978-4-88344-226-3

四六判上製／287頁／13・4

近代化の風潮と疲弊した伝統社会との板挟みの中で、多産と貧困に苦しむ途上国の人々。フィリピンの最貧困地区に助産院を開いて十三年、苦闘の日々から人間本来の豊かさを問う

【2刷】1800円

J・グループマン／美沢惠子 訳

医者は現場でどう考えるか

78-4-88344-200-3

A5判上製／313頁／11・10

「間違える医者」と「間違えぬ医者」は、どこが異なるのか。診断エラーをいかに回避するか。臨床現場での具体例をあげながら、医師の「思考プロセス」を探索した刺激的医療原論

【5刷】2800円

高野正博　高野病院 会長

誰にも尋《き》けないお尻の難病

NISと自己臭症

978-4-88344-251-5

四六判並製／174頁／15・4

神経因性骨盤臓器症候群（NIS）、おしりの自己臭症、消散性直腸肛門痛——長年お尻の病気を診続けてきた医師が、尻・腰・腹に重複して起こる症候群に対して、画期的治療法を提示

1300円

＊価格は本体価格（税別）で表示しています

藤田洋三
鏝絵《こてえ》放浪記
978-4-88344-069-9
四六判並製／306頁／01・1
壁に刻まれた左官職人の技・鏝絵。その豊穣に魅せられた一人の写真家が、故郷大分を振り出しに日本全国を駆け巡り、中国・アフリカまで歩き続けた、二十五年の旅の記録
【3刷】2200円

藤田洋三
世間《せけん》遺産放浪記
978-4-88344-146-4
A5判変型並製／304頁／07・4
働き者の産業建築から、小屋、屋根、壁、近代建築、奇祭、無意識過剰な迷建築まで、庶民の手と風土が生んだ「実用の美」の風景。見過ごされてきた庶民の遺産をオールカラーで紹介
【2刷】2300円

藤田洋三
世間遺産放浪記　俗世間篇
978-4-88344-208-9
A5判変型並製／367頁／11・12
それは、暮らしと風土が生んだ庶民の遺産。建築家なしの名土木から、職人の手技が生んだ造作意匠、無意識過剰な迷建築まで、心に沁みる三〇六遺産をオールカラーで紹介する第二弾！
2700円

小林澄夫
左官礼讃
978-4-88344-077-1
四六判上製／429頁／01・8
専門誌「左官教室」の編集長が、左官という仕事への愛着と誇り、土と水と風が織りなす土壁の美しさを綴り、殺伐たる現代文明への批判、潤いの文明へ向けての深い洞察を記す
【8刷】2800円

小林澄夫
左官礼讃 II　泥と風景
978-4-88344-171-6
四六判上製／272頁／09・5
左官技術の継承のみならず、新たなる想像力によって、心の拠り所となる美しい風景をつくる。深い洞察と詩情あふれる感性によって綴られた左官職人の「バイブル」第二弾
【2刷】2200円

長崎県立大学学長プロジェクト編

波佐見焼ブランドへの道程《みちのり》

978-4-88344-262-1　A5判並製／255頁／16・3

江戸以降、庶民の食卓に陶磁器を普及させた波佐見焼。「くらわんか碗」四百年の伝統が甦る。窯元、陶芸家、商社、行政、教育機関関係者らが波佐見焼の歴史と課題、ブランド化への戦略を語る　1500円

八板俊輔

馬毛島漂流

978-4-88344-257-7　四六判上製／218頁／15・10

種子島西方に浮かび、日米安保の渦の中で〝漂流〟を続ける馬毛島。種子島在住の元新聞記者が、島に渡り、歩き、喰い、時には遭難して知った孤島の今を、短歌と写真を添えて伝えるルポルタージュ　1600円

ティンドラ・ドロッペ 絵・文

北欧やすらぎ散歩　スケッチで旅するデンマーク

978-4-88344-209-6　A5判並製函入／144頁／11・12

人々が満ち足りて暮すデンマークに六年通った著者が描く街の見どころ、かわいいもの、素朴な暮らし。「誰もがなんとなく、でも確かに感じている〝一番大切な何か〟にきっと気付く」（山村光春氏）1900円

福元満治

出版屋《ほんや》の考え休むににたり

978-4-88344-215-7　四六判上製／285頁／12・7

出版やのおやじが、どじょうやなまずのように川底から世界を眺むれば、そこに何が見えるのか。地方都市福岡で志も見通しもなく創業して三十年、能天気にして苦くおもろい出版社の楽屋話【2刷】1800円

小泉武夫 著　松隈直樹 写真　＊フルカラー

小泉武夫のチュルチュルピュルピュル九州舌の旅

978-4-88344-244-7　A5判変型並製／205頁／14・12

老舗から鄙の宿まで、食の冒険家が探し求めた九州各地、釜山の味を紹介。「旅に出たらその土地の美味しいものを食べること。それが心への土産なのである」（「まえがき」より）　1500円

＊価格は本体価格(税別)で表示しています

宮崎静夫
十五歳の義勇軍　満州・シベリアの七年
4-88344-192-1　四六判上製／278頁／10・11

十五歳で満蒙開拓青少年義勇軍に志願し、十七歳で関東軍に志願。敗戦そして四年間のシベリア抑留を経て帰国し、炭焼きや土工をしつつ、絵描きを志した一画家の自伝的エッセイ集　２０００円

宮崎静夫
死者のために
978-4-88344-254-6　大スキラ判／164頁／15・5

『十五歳の義勇軍――満州・シベリアの七年』の著者が描く、連作「死者のために」。初期代表作「ドラム缶」シリーズなど主要作品も収録。巻末に、浜田知明氏他の「人と評」を掲載　２５００円

エステル石郷 文・絵　古川暢朗 訳
ローン・ハート・マウンテン　日系人強制収容所の日々
A4判変型並製／138頁／92・8

〝パール・ハーバー〟に対する報復として、日系人十一万人が強制収容所に抑留された。日系人の妻として三年余の収容所生活を送った白人の画家が、百十枚のスケッチと文章で綴った感動の画文集　２０００円

松浦豊敏
越南《えつなん》ルート
978-4-88344-202-7　四六判上製／255頁／11・10

華北からインドシナ半島まで四千キロを行軍した冬部隊一兵卒の、戦中戦後を巡る自伝的小説集。戦争を生きた人間の思念が深く静かに鳴り響く、戦争文学の知られざる傑作　１８００円

島田真祐
モンタルバン
978-4-88344-241-6　四六判上製／283頁／14・2

フィリピンの戦場で死にそびれた男の執念と、その戦場で父を失った青年の思念が交錯する。仄かにエロス香るミステリアスな物語。「ほとんど完璧。心憎いほどの仕組みようだ」（渡辺京二氏 熊日書評）　１８００円

斉藤泰嘉

佐藤慶太郎伝　東京府美術館を建てた石炭の神様

978-4-88344-163-1　四六判上製／335頁／08・5

日本のカーネギーを目指し、日本初の美術館を建て、戦局濃い中「美しい生活とは何か」を希求し続けた九州若松の石炭商の清冽な生涯。「自分一代で得た金は世の中んために差し出さにゃ」　【2刷】2500円

井口幸久・インタビュー

石心　囲碁棋士大竹英雄小伝

978-4-88344-235-5　四六判上製／319頁／13・8

わずか九歳で故郷・八幡を離れ、巨匠・木谷實に入門。呉清源、林海峰、趙治勲、小林光一。歴代の強豪と凄絶な名勝負を繰り広げた至高のマエストロが、その半生を語る　1700円

毎日新聞西部本社報道部　著

北九州市　50年の物語

978-4-88344-228-7　A5判変型並製／200頁／13・4

二〇一三年二月で市制五十周年を迎えた北九州市。六二年の五市合併から現在まで、忘れられない出来事や事件を、当時の貴重な報道写真とともにふりかえる、半世紀のタイムトラベル　【3刷】1500円

毎日新聞西部本社報道部　著

北九州市　戦後70年の物語

9978-4-88344-248-5　A5判変型並製／206頁／15・1

終戦から七十年、五市合併から五十一年、秘蔵写真も発掘して、北九州の光と影をドキュメントする。『50年の物語』続編。戦中、戦後の節目に撮影された貴重な写真約180点を収録　【2刷】1500円

長妻靖彦

北九州の底ぢから　〔現場力〕が海図なき明日を拓く

978-4-88344-240-9　A5判上製／619頁／14・2

公害・鉄冷えの街から世界環境首都へ――。北九州という、情にあつく、人間臭い町で、モノづくりを原点とする経済活動を担ってきた経営人100人に、その要諦と本音を聞いたインタビュー集　3500円

＊価格は本体価格（税別）で表示しています

西日本文化協会 編　日野文雄 責任編集
明治博多往来図会《ずえ》
祝部至善《ほおりしぜん》画文集
4-88344-102-4　A４判変型上製／176頁／03・9

往来で商う物売りたちの声、辻々のざわめき、庶民の暮らしと風俗が、いま甦る。驚嘆すべき記憶と、大和絵の細密な筆致で再現される明治の博多。「よい時代に生まれた幸せそのものだった」（服部幸雄氏）　5000円

加藤知弘
バテレンと宗麟の時代
4-88344-016-8　四六判上製／426頁／96・11

地中海学界賞／ロドリゲス通事賞受賞　戦国時代、それはキリスト教文明との熾烈な格闘の時代でもあった。アジアをめざす宣教師たちの野心が、豊後府内の地で大友宗麟の野望とスパークする　3000円

池田善朗
地形から読む　筑前の古地名・小字《こあざ》
978-4-88344-222-5　四六判並製／248頁／13・2

薬院＝泥地。警固＝崩壊地。呉服町＝湿地。筑紫＝丘陵。漢字以前のヤマトコトバの音韻と現地の自然地形をベースに、消えた大字《おおあざ》・小字《こあざ》、類似する地名まで細かく調査。旧筑前エリア四五〇ヶ所の由来を解く　1900円

佐藤正彦
福岡城天守を復原する
978-4-88344-198-3　四六判並製／256頁／11・8

築城の名手・黒田如水とその子・長政。新発見の文書や「九州諸城図」をはじめ注目史料を読み解きながら、天守はなかったとされてきた福岡城の実像を提示し、天守破却の謎にまで迫る　1900円

安達ひでや
笑う門《かど》にはチンドン屋　〈ＣＤ付き〉
4-88344-117-2　四六判並製／246頁／05・2

漫談少年がロックにかぶれ、上京するも挫折。保証をかぶって火の車。日銭稼ぎに立った大道芸の路上で、運命の時はやってきた。全日本チンドンコンクール優勝の親方が綴る裏話満載のエッセイ集　1500円

前山光則 編

淵上毛錢《もうせん》詩集　増補新装版

978-4-88344-258-4

A5判上製／214頁／15・11

「生きた、臥《ね》た、書いた」——水俣が生んだ夭折の詩人が、死の床に臥して十五年、死を見すえつつ生の瑞々しさを謳う。「ぼくが／死んでからも／十二時がきたら　十二／鳴るのかい」（「柱時計」）　2200円

うしじまひろこ

博多っ娘《こ》詩集　いきるっちゃん

978-4-88344-204-1

A5判変型上製／106頁／11・11

女の子の気持ちを唄った博多弁詩集。「詩ば書いたら、博多弁になったと！」。たのしいこと、かなしいこと、くやしいこと、いろいろあるばってん、きょうもあたしはいきるっちゃん！　1300円

長野ヒデ子

ふしぎとうれしい

4-88344-064-8

四六判並製／278頁／00・8

「生きのいいタイがはねている。そんなふうな本なのよ」（長新太氏）。使い込んだ布のようにやわらかなことばで、絵本と友をいきいきと語る、絵本日本賞作家・長野ヒデ子初のエッセイ集　【3刷】1500円

みずかみかずよ文　長野ヒデ子絵

ごめんねキューピー

4-88344-125-3

A5判変型上製／84頁／05・7

戦争中、親戚に引き取られていた女の子。駄菓子屋さんにならんだキューピー人形に心をうばわれ、つい、お金もはらわずに……。父を亡くし母をも失った女の子の心の葛藤を鮮やかに描いた名作　1500円

水上平吉

かずよ　一詩人の生涯

978-4-88344-237-9

四六判上製／200頁／13・9

ひとりの詩人がみずみずしく甦る。小学校の国語教科書に多くの詩が掲載されたみずかみかずよ（北九州市民文化賞受賞）。五十代の若さで逝った詩人の生涯を人生の同伴者が綴る　1500円

＊価格は本体価格(税別)で表示しています

バーサンスレン・ボロルマー作　長野ヒデ子 訳

モンゴルの黒い髪　＊絵本

4-88344-115-6　A4判上製／32頁／04・11

04年国民文化祭・絵本大会グランプリ受賞　敵は邪悪な四羽のカラス。武器もない女たちが草原と家族を守った——。モンゴルの伝統民話を題材に、色彩豊かに描かれた作者の絵本第一作　**【3刷】1300円**

バーサンスレン・ボロルマー作　長野ヒデ子 訳

ぼくのうちはゲル　＊絵本

4-88344-134-2　A4判上製／32頁／06・4

05年野間国際絵本原画コンクールグランプリ受賞　宿営地を求め家畜と共に草原を旅するモンゴル移動民の四季のくらしを細密な筆致で描く。日本語版から、英語・仏語・韓国語・中国語に翻訳出版　**【2刷】1500円**

イヴォナ・フミエレフスカ作　田村和子・松方路子 訳

ブルムカの日記　コルチャック先生と12人の子どもたち　＊絵本

978-4-88344-219-5　A4判変型上製／65頁／12・11

ナチス支配下のワルシャワで、コルチャック先生は孤児たちと共に暮らしていた。悲劇的運命に見舞われる子どもたち。その日常とコルチャック先生の子どもへの愛が静かに刻まれた絵本　**【2刷】2500円**

なかがわ もとこ 文　スタシス・エイドリゲーヴィチュス 絵

アウスラさんのみつあみ道　＊絵本

978-4-88344-252-2　A4判上製／32頁／15・4

おだやかな大地を、ある日、大きな嵐が襲い、小熊のユルギスは空に飛ばされてしまいます——リトアニアに生まれ、ポーランドを拠点に活動する画家が描き出す、幻想的でリアルな再生の物語　**1500円**

ジュールズ・ファイファー作　れーどる&くれーどる 訳

あたしのくまちゃんみなかった?　＊絵本

978-4-88344-182-2　A4判変型上製／40頁／10・7

ニューヨークタイムズ最優秀絵本賞受賞　とっても大切なくまのぬいぐるみをなくしちゃった女の子。どこを探しもみつからない!　ピューリッツァー賞受賞作家が描いた、全米ベストセラー絵本　**1300円**

佐木隆三 文　黒田征太郎 絵

昭和二十年 八さいの日記　＊絵本

978-4-88344-196-9　A4判上製カラー／32頁／11・7

「ぼく、キノコ雲を見たんだ」――八歳だった佐木隆三氏が少年の心象を記し、七歳だった黒田征太郎氏が渾身の気迫で絵を描いた。平和と命への希求が描かれた〈イノチの絵本〉**【2刷】1300円**

黒田征太郎 作

火の話　＊絵本

978-4-88344-206-5　A4判上製／33頁／11・12

火の神から火をあたえられたニンゲンたちと神は一つの約束をした。「火を使って、殺し合いをしてはならぬ」。戦争から原子力発電まで、宇宙や神話という永い時間の中で考える絵本　**1300円**

近藤等則 文　黒田征太郎 絵

水の話　＊絵本

978-4-88344-213-3　A4判上製／33頁／12・7

水は宇宙からやってきた。そして地球上の生命は全て水から生まれた――。黒田征太郎と世界的トランペッター近藤等則とのコラボレーションから生まれた、水と命の長い長い物語　**1300円**

小泉武夫 文　黒田征太郎 絵

土《つち》の話　＊絵本

978-4-88344-225-6　A4判上製／33頁／13・3

フクシマの土が阿武隈《あぶくま》弁で人間文明を告発する。「こりねでまだ放射能なんていじりまわしたらよ、今度こそ何もかも終りだもんない」。『火の話』『水の話』に続く第3弾　**1300円**

鬼塚勝也 文　黒田征太郎 絵

つよくなりたい　＊絵本

978-4-88344-245-4　A4判上製／32頁／14・9

元ボクシング世界チャンピオンと、国際的に活動する画家が出会い、生まれた、異色の絵本。少年と森に棲む知恵の主・フクロウの出会いを通して、本当の〝つよさ〟とは何かを問う　**1300円**

＊価格は本体価格(税別)で表示しています

黒田征太郎 絵　ふくもとまんじ 文

岩になった鯨《くじら》　＊絵本

978-4-88344-214-0　B5判変型上製／32頁／12・7

ひとは、心のどこかにまぼろしをかかえて生きています。これは、あなたの心にすむ鯨と龍の物語です――。旅する鯨が天空に舞う龍に心を奪われた！　大人も子どもも楽しめるファンタジックストーリー　1200円

堂園晴彦 文　本田哲也 絵

サンピラー　お母さんとの約束　＊絵本

978-4-88344-194-5　A4判上製／33頁／11・6

幼いころ病気で母親をなくした兄弟には母との約束があった――。ホスピス医療の第一人者が、小さな子どもであっても支え、励まし続け、「死という別れ」の真実を知らせていくことの大切さを綴る　1300円

アビゲイル&エイドリアン・アッカーマン　飼牛万里 訳

おかあさんが乳がんになったの　＊絵本

978-4-88344-147-1　A4判変型上製／32頁／07・6

乳がんになって髪の毛が抜けてしまったおかあさん。家族、友人、みんなに支えられた闘病生活を、九歳と十一歳の娘たちが描いたドキュメント闘病絵本。病気が家族の絆をより強くした！　1500円

ごとうひろし 文　なすまさひこ 絵

なんでバイバイするとやか？　＊絵本

978-4-88344-160-0　A4判上製／42頁／08・3

養護学校に通う中学二年のてつお君はいつもバイバイしながらよってくる。「なんでバイバイするとやか？」と小学三年のきんじ君。表と裏の表紙から始まる、瑞々しい心と心が出会う「魔法の絵本」　**【3刷】**1300円

ながのひでこ 作

とうさんかあさん　＊絵本

978-4-88344-131-0　A4判上製／32頁／05・12

第一回日本の絵本賞文部大臣奨励賞受賞　「とうさん、かあさん、聞かせて、子どものころのはなし」。子どもの好奇心が広げる、素朴であったかい世界。ロングセラーとなった長野ワールドの原点　**【2刷】**1400円

長野ヒデ子 編著　右《う》手《て》和子／やべ みつのり 著

演じてみよう つくってみよう 紙芝居

978-4-88344-234-8　A5判並製／128頁／13・6

日本で生まれた紙芝居が、いま世界中で大人気。紙芝居は観るだけでなく、自分で演じて、そして作ってみると、その面白さがぐんと深まります。紙芝居の入門書。イラスト多数　【2刷】1300円

岩崎京子

熊の茶屋　街道茶屋百年ばなしシリーズ

4-88344-118-0　四六判並製／224頁／05・3

熊を茶店の名物にしようと芸を仕込む主を描いた表題作から、建具職人に奉公する姉弟の健気な姿を描いた「姉弟」まで、東海道を舞台に、庶民生活の哀歓を清々しい筆致で描いた短編時代小説集　1500円

岩崎京子

子育てまんじゅう　街道茶屋百年ばなしシリーズ

4-88344-119-9　四六判並製／224頁／05・3

子育て観音にあやかった饅頭を商う、参道の土産物屋の姉妹の暮らしを描いた表題作をはじめ、文化文政期の東海道・鶴見村と周辺の宿場町の生活風景をさわやかな筆致で描く。シリーズ第二弾　1500円

岩崎京子

元《げん》治《じ》元年のサーカス　街道茶屋百年ばなしシリーズ

4-88344-120-2　四六判並製／288頁／05・3

来航した異人の珍道中から、軽業師の一座とサーカスの出会いを描いた表題作まで、〈御一新〉の嵐に翻弄されつつも清々しく生きる庶民の生活を活写した短編時代小説集第三弾！　1500円

岩崎京子

久留米がすりのうた　井上でん物語

978-4-88344-156-3　四六判並製／208頁／07・12

江戸の町にソメイヨシノがやってきた！　駒込の植木師に拾われた少年が、花々の命と向き合い、江戸の町にあでやかな新種の桜を開花させるまでのひたむきな姿を、清々しい筆致で描いた長編　1500円

＊価格は本体価格（税別）で表示しています

豊田伸治 編
井上岩夫著作集 Ⅰ 全詩集
4-88344-030-3
A5判上製函入／487頁／98・7

戦争と土俗とモダニズムを連れ、鹿児島が生んだ孤高の詩精神が甦る。「私の前にはまぎれもない詩人・井上岩夫が居た。ああまだこの世に詩人が生き残っていた、という強烈な衝撃を私は受けたのだった」（島尾敏雄氏）　５０００円

豊田伸治 編
井上岩夫著作集 Ⅱ 小説集
4-88344-065-6
A5判上製函入／517頁／00・6

「『カキサウルスの鬚』を読み、私は愕然とした。…小綺麗になった土地や時代の、その地層の最深部から、風化することを拒む一つの意思が恐竜のように起ち上ってくる気がしたのだ」（宮内勝典氏）　５０００円

豊田伸治 編
井上岩夫著作集 Ⅲ エッセイ・詩拾遺
978-4-88344-165-5
A5判上製函入／670頁／08・6

戦後へと続く酔中夢、批評と諧謔が人間の実相をえぐり出す。「胸底の洞《うろ》に処女のごとき含羞が隠れていて、生きることは業であるということを、これほどしんしんと悟らせる人も少ない」（石牟礼道子氏）　７０００円

植村紀子　長野ヒデ子 画
鹿児島ことばあそびうた 〈朗読ＣＤ付〉
978-4-88344-108-2
A5判変型並製／96頁／04・5

「掘り出したばかりのさつまいもみたいに無骨だが、焼き立てのさつまいもみたいにおいしいことばたち」（谷川俊太郎氏）。郷土を愛する全ての人のために、鹿児島弁初のことばあそびうた集【3刷】２０００円

植村紀子　林舞 画
鹿児島ことばあそびうた2
978-4-88344-210-2
A5判変型並製／104頁／12・5

おせ（大人）も子どんも、やっせんぼ（弱虫）もてんがらもん（利口者）も、おごじょ（娘さん）もまごじょ（孫）も、あっまっ（灰汁まき）もカライモも、みんなで楽しめる鹿児島弁ことばあそびうた詩集、第二弾！　１５００円

ていたこともあった。そこで、12月2日に豊田市プロジェクトの学生たちに大学の演習室に集まってもらい、豊田市の企画課が募集している「ミライのフッー☆チャレンジコンテスト」に応募するかどうかを相談することにした。当然、事業提案が採択されれば2015年度に事業化を推進することになるので、4年生は既に社会人となっていて、この事業化に参加することは困難である。他方で、3年生は年明け以降、自身の就職活動あるいは公務員試験を控えていることもあり、全面的に関与することは容易なことではなかった。しかし、4年生は卒業までは、比較的時間に余裕があり、今回の政策提案に対する思い入れも人並みではなかった。また、事業化が採択された場合は、2年生から新たに幹事を選出して春以降豊田市プロジェクトを引き継ぐことができれば事業化は可能ではないかという提案もなされた。こうした事情を勘案して、担当教員が全面的に支援することを条件に、新たな事業化コンテストに参加してみようという方向で皆の意見の一致をみた。

しかし、新たな事業化コンテストに応募するためには、年内と年明けに1回ずつ開催されるワークショップ形式の「ミライカフェ」に少なくとも1回は参加する必要があったため、まずは、12月15日の会合に参加することにした。ここで、ミライカフェとは、「市民活動者・地域活動者・企業・行政などが集まり、ミライについて気軽に語る場です。多様な出会いで新たなコラボレーションが生まれるかもしれません。どなたでも参加できます！」[13]というもので、市民活動団体他に多様な交流の場を

13 http://www.toyota-10th.jp/in04/index.html（2015年11月20日確認）よりの引用。

提供することを目的に創られた仕組みといえる。

ところで、既にこのミライカフェは、11月中に2回開催されていたが、私たちが12月15日の会合に出向くと、ざっと見て20団体ほどの市民活動団体の面々が来ていた。企画課の担当者によると、11月と異なりこの回の参加団体は多数に上っているとのことであった。このミライカフェでの風景は、これまでの学生による政策提案のコンテストとは異なり、仕事を持ちながら市民活動団体の一員として参加する方、自身も小さな子どもを抱えて子育て支援の事業化が行えないかと相談に来た方、定年退職後に市民活動団体で本格的に地域活動を続けている方、公務員として働きながら市民活動にも参画し二足の草鞋あるいは三足の草鞋の方など実に多彩なメンバーが来場していた。そして、この会場を切り盛りしていたのは、ミライカフェの実行委員会の面々だった。

市の企画課は、この実行委員会の事務局という位置づけで実行委員会を補佐する立場にあった。当日は19時から2時間余りの間に、5、6人ごとのテーブルに分かれ、15分おきにメンバーを入れ替えながらそれぞれの団体のアイデアや課題等について、お互いにアドバイスを与える「交流の場」が設定されていた。翌年1月14日に行われたミライカフェでは、グループでディスカッションする論点があらかじめ整理されており、「ミライのフツー」についてのイメージ、事業目標の設定、パートナーとして連携したい相手先、事業のネーミング、事業の概要などを記入するB４サイズのシートが用意されていた。各自がこれに記入したのちに、お互いの事業案を紹介し合い、アドバイスやコメントを与える形式は前回と同様であった。

そして当方としては3回目となるミライカフェに参加した2月2日には、予め事業案に具体的なアドバイスを提供できるように消防本部総務課および予防課から合計4名の職員が派遣されていた。学生たちは、その日のほとんどの時間を消防本部の職員から具体的なアドバイスを受けることができた。とりわけこの3回目の参加により、事業案は飛躍的にブラッシュアップされ、最終的な事業案へとまとめ上げることが可能となった。こうして、最終案をまとめあげた学生たちは、2月13日に無事に事務局に企画書を提出するに至った。

当初の事業プランでは、消防団への1日体験入団から(仮称)青年消防クラブの創設、そして地域の防災リーダーの育成という一連の関連性を持った複数の事業を擁する事業プランであったが、単年度の事業提案ということもあり、今回は年2回開催する消防団への1日体験入団に事業を絞り、体験入団の終了後に体験者による体験談を記録集としてまとめ、これをもとに2回目の体験入団を募集するという流れに集約するに至った。ちなみに、事業名は学生たちがいろいろと検討を重ねたうえで、「Let's try "HAPPY SBD(消防団)"!」に落ち着いた。ややキャッチフレーズ的な事業名であるが、学生らしい発想が垣間見えるもので、現在では大変親しみのもてる事業名と感じている。ところで、この年2回開催という事業提案も、後述するように時間的かつ物理的な制約から年1回の開催へと修正を余儀なくされた。当初想定していた青年消防クラブの創設や地域の防災リーダーの育成といった複数の事業案は2年目以降の課題として再度検討していくこととした。

4　消防団1日体験入団事業の決定から事業具体化への道のり

1　中京大学と豊田市との包括連携協定による事業化決定へ

ミライカフェでは合計で60近くの団体が事業提案の相談に来ていたが、実際に事業提案を完了した団体は、私たちを含めて40団体であった。これら団体を対象として、3月8日に豊田市スカイホールで市民による投票が実施され、この投票結果と3月14日に実行委員会の委員に対して行うプレゼンテーションの結果にもとづいて具体的に予算化される事業案が採択されることとなっていた。

しかし、思いがけない知らせが豊田市経営戦略室の担当者から寄せられた。3月11日に、中京大学と豊田市とが締結している包括連携協定にもとづいて双方で覚書を交わすことにより、学生たちが提案した消防団への1日体験入団のプランを実現するという知らせであった。「ミライのフツー☆チャレンジコンテスト」が審査途中であるにもかかわらず、事業化が決定してしまった。

しかし、私たちは「ミライのフツー☆チャレンジコンテスト」も同じ豊田市の事業コンペであるので、ここで途中棄権することなく3月14日のプレゼンテーションにも参加することを決めた。今回の消防団への1日体験入団事業の最終案をまとめ上げる際に、ミライカフェという場が私たちの事業プランをブラッシュアップするために大変良い機会であったからである。他方で、同じ3月14日は、豊田市消防フェスタの当日でもあった。朝からは太田稔彦市長および多数の来賓者と消防団の面々による厳粛な観閲式が執り行われ、その後は、家族連れをはじめ多くの来場者が訪れる活気にあふれた防災イベントに充てられていた。学生たちとともに当方も、この消防団の観閲式と防災イベントに終日参加した。双方の会場が近接していたため、途中で「ミライのフツー☆チャレンジコンテスト」の最終プレゼンテーションには担当教員のみが参加し、また消防フェスタの会場に戻るという密度の濃い1日であった。

年度が変わり、4月2日に企画課による追加のヒアリングを受け、4月14日には「ミライのフツー☆チャレンジコンテスト」に採択された20団体の中にも選ばれることとなった。予想外のことであったが、こうして1年にも及ぶ学生を対象とした政策提案コンテスト、市民活動団体等を対象とした事業化コンテストを経て、いよいよ学生たちの提案した政策の事業化が動き始めた。

2　事業化の道のり

さて、新年度に入り、P研の体制も新たな2年生を迎え、それぞれ学年が1年繰り上がることとなった。この豊田市プロジェクトを展開するにあたって、２０１５年度の事業化の展開をどのような体制で図るかが課題であった。実際の消防団の１日体験入団事業の当日はP研に所属する学生全員で取り組むとしても、事業化までの企画立案を中心になって担うメンバーの選出が不可欠であった。そこで、学生たちと相談のうえ3年生から３名（後に1名加わり最終的には４名）の幹事を選出することとした。そして、これら幹事と担当教員とが中心となって、豊田市SBD実行委員会を結成し、あわせて実行委員会の規約も作成することにした。そして、実行委員会の事務局を中京大学総合政策学部桑原研究室内に置くことなどを決め、本格的な推進体制を整備することにした。ちなみに、SBDは、消防団のローマ字表記から、卒業した学生たちがネーミングした事業名から準用したものである。

そこで、まずは消防本部総務課との間で定期的に打ち合わせを持つことが不可欠と考え、4月24日に幹事4名とともに豊田市消防本部を訪問することにした。消防本部では消防団を担当する総務課の2名（消防司令補および消防士長）の担当者が、学生たちとの窓口となり、以後、およそ月に2回のペースで消防本部と中京大学とを交互に打ち合わせ場所として、膨大な打ち合わせを重ねてゆくことになる。双方にとって、まずは消防団の1日体験入団事業の着地点である実施日をいつにするかが大きな課題であった。当初の学生たちの事業企画では年に2回実施するという内容であったが、様々な条件を勘案して逆算すると、年1回の開催が精いっぱいという結論に至った。そうすると、時間的にはやや余裕があるものの、実は実施を予定している10月から11月は多くの自治体の例にもれず豊田市でも、秋の諸事業が多数実施予定となっており、現実には限られた選択肢しか残されていないことにすぐ気が付くこととなった。消防本部総務課の担当者と学生幹事たちとが議論を重ねた結果、11月22日に開催することとなった。

こうして、以後の大まかなスケジュールを立てて、順次その時点での諸課題を解決していくことを繰り返すことになる。この時点で、学生たちは、これほど膨大な詰めの作業がいくつも残っているとは、おそらく気が付いていなかったと思う。政策提案コンテストでの提案と、それを行政の具体的な事業として着地させることとの間には驚くほど大きなギャップがあるといっても過言ではない。また、この間、企画課が開催する月1回のミライカフェにもできる限り参加するように努めた。この会では、先述したように様々な市民活動団体や多彩な経歴を有する方々との出会いがあったからである。

ところで、学生幹事たちは消防団活動そのものがどのような活動であるのかを必ずしも十分に理解しているわけではなかった。そこで、5月31日に終日、豊田市の白浜公園運動場で市の消防操法大会が開催されるということで、学生幹事たち4名とともに参加することにした。この大会では、規律訓練とともに消防団の重要な訓練事項である消防操法[14]について、市内の各方面の消防団から選抜された分団のチームが競う現場を見学する機会を得ることができた。そして、この大会には、事前に選抜された分団も出場しており、この分団が8月に豊川市で開催される愛知県の消防操法大会に参加することになっていた。当日は梅雨の合間の晴天の一日であったが、太田市長および来賓者による挨拶から始まり、各チームが競技を競う合間に、学生たちは一般見学席から消防団員の面々が控えている向かい側に移動し、間近で競技の様子を観戦していた。その臨場感にあふれた生の現場を体験したことは、その後の体験プログラムを具体的に検討する際には大いに力を発揮したに相違ない。また、その場には、消防団員の家族や消防団のOB・OGの面々も多数応援に詰めかけており、多くの消防団関係者

14　5名1組で小型ポンプを操作して、いかに正確かつ短時間に放水を行い標的に命中できるかを競うもの。

との知遇を得る機会でもあったことも大きな幸運であった。中には、今回の事業企画である消防団への体験入団について懇切丁寧なアドバイスをもらうこともあった。学生幹事たちにとっては、ただ消防操法の実際を観戦するにとどまらず、多くのことを学んだ1日であったといえる。

6月に入ると、学生幹事たちは毎週のように企画会議を繰り返していた。その上で、定期的に開催していた消防本部総務課の担当者との長時間にわたる協議を重ねていた。こうした協議を経て、最終的には、わが国の消防行政全体の企画立案を所管している総務省消防庁が全国的な消防団員減少への対策のひとつとして、大学生等による機能別消防団員の育成という方針を明確に打ち出していたこともあり、体験入団の対象は大学生・専門学校生に絞ることとした。他方で、学生幹事のひとりが、この頃から体験入団の募集に使うポスターとチラシの企画を依頼する印刷会社のデザイナーや担当者と何度も電話やメールでやり取りしながら、素案の作成に奔走するなど幹事4名のそれぞれの役割分担を明確にして、効率的かつ効果的に検討課題に対処していった。また、7月には、毎週練習している女性団員により構成されているカラーガード隊の訓練風景を見学することができ、あわせて学生幹事たちが実際に練習を体験する機会をもつこともできた。さらに、梅雨明けの午前中に消防本部に集まり、30度を超える暑さのなかで幹事たち自身が体験プログラムに取り入れる放水体験や救出救護訓練、防災ゲームの原案を実際に体験し、あわせて消防団の詰所を見学するなど、体験入団の具体的なイメージを持つことに努めていた。

こうして、大まかな1日体験入団のプログラムの企画に目途をつけることができた。このため、詳細な実施要領の作成は9月以降にまわすこととした。その最大の理由は、当面の最大の課題が広報（PR）活動をいかに進めるかであったからである。また、何度もの試行錯誤を経て、印刷会社の担当者とやり取りを繰り返しながら、7月中旬には懸案であったポスターとチラシの作成にもほぼ目途がついていた。広報活動といっても、ポスターやチラシを作成し、市内の5大学等に配布することはもちろんであるが、受け身のPRだけで募集者が集まるとは考えにくかった。とりわけ、多くの学生たちにとって消防団活動を間近で見る機会は少なからずあったとしても、消防団活動に関心を持ち、さらに1日とはいえ体験入団に参加することを決心するには、様々なツールを駆使して学生たちに働きかけることが不可欠といえた。学生幹事と消防本部総務課の担当者との意見が、この点で一致したこと

（写真２）消防団詰所の風景

（写真３）幹事による放水体験

は言うまでもない。広報活動においては、市役所の内外に多くの資源を持つ消防本部総務課からの全面的な支援は心強かった。他方で、学生幹事たちも決して受け身になることなく、自ら地域のコミュニティＦＭの番組でイベント告知をしたり、後になるが市の産業フェスタに参加して消防団のブースのＰＲ団員の面々と一緒になって、来訪する家族連れのための「まとい」作りの作業や放水体験のお手伝い、あるいはイベント会場内で体験入団の告知を行ったりするなどと、可能な限りの機会を活用して広報活動にも積極的に関与していくことになる。

他方で、これ以降の広報活動では経営戦略室および企画課の担当者からの支援が心強かった。経営戦略室には、学生幹事たちが太田市長を表敬訪問し、あわせてマスコミ関係者に記者発表を行うという段取りを依頼できた。８月24日の当日には、新聞各社の記者や地元のケーブルテレビ局（ひまわりネット）の担当者が取材に訪れ、後日記事や番組として、消防団の１日体験入団事業を取り上げてもらうことになる。また、企画課の担当者には、市の広報紙である『広報とよた』へのイベント告知の手配、「まちづくりシン展事業」の一環ではあるが学生幹事たちのブログを市のホームページとリンクしてもらい、市内の市民活動施設や公民館等の公共施設へのポスターとチラシの配布等を依頼することができた。こうした段取りについても、学生幹事たちは進行スケジュールやポスターやチラシの配布に係る配布先ごとの部数の積み上げと配布依頼文の作成などを精力的に進めていた。さらには、太田市長への表敬訪問と記者発表当日の午後には、分担して消防本部の担当者とともに市内の大学等に直接出向き、ポスターの掲示やチラシの配布を大学の担当者に依頼するなど連日のように広報活動にも参画していた。

当初の広報活動に一区切りがついた9月に入ると、学生幹事たちは消防本部総務課の担当者の支援を得ながら1日体験入団事業の実施要領の作成に本格的にとりかかった。当日のプログラムの流れは、消防本部に集合↓体験入団の開会式と任命式↓消防団活動に関する講話↓規律訓練の実施↓カラーガード隊による模範演技と体験の実施↓消防団の詰所見学↓昼食休憩・消防団員とのランチミーティング↓救出救護訓練と放水訓練の実施↓防災ゲームの実施↓消防団員を交えた振り返り会の実施↓閉会式となっているが、それぞれの事項について詳細な実施要領を作成するのである。そして、9月の下旬には、関係各所への最終的な広報活動をさらに展開することになる。こうした、各関係者との連携による綿密な広報活動により、体験入団の募集期間を締め切った時点（10月12日）で20名の体験入団への参加予定者を無事に確保するに至った。この場を借りて改めて関係者の方々には深く御礼を申し上げたい。

この後、11月7日には消防本部で3年ぶりに開催された豊田市消防フェスタに次期幹事の学生2名とともに参加し、消防団ブースでのミニ「まとい」の作成や各種イベントに参加した。ここでも、消防本部や消防団関係者の方々との交流をさらに深める機会となった。こうして、執筆している現在（11月20日）、学生幹事たちは消防本部総務課の担当者とともに、11月22日の消防団の1日体験入団事

15　現実には、親や祖父母に聞いてはじめて地域の消防団活動のことを知ったという学生も多い。

業の遂行に向けて詳細な実施要領の詰めの作業と再度の段取りの見直しとを進めている。

5　小括

体験入団事業の実施から体験入団記録集の刊行までの経緯については、また別の論稿に委ねたいが、ここまでの経緯を振り返って気が付いたことを3点ほど指摘して本稿を終えることにしたい。

まず、第1に述べたいのは、たとえ学生であるとしても機会に恵まれれば、政策提案から政策実現までの道のりを実現できるということである。かつて、政府の公共政策は行政が専有する領域といっても過言ではなかった。しかし、ガバナンスの時代、さらには地方分権化の時代には、とりわけ地方自治体において、政策過程への市民の参画が大きな課題となっている。今回の学生による政策実現は、まさに政策の立案過程から政策の実施過程に至る市民参画の具体的な事例といえる。そこで、今回の学生による政策実現は次の二つの点において機会に恵まれていたことである。

一つめは消防団活動の活性化という政策課題は、国にしても、自治体にしても、政策推進のベクトルを集約しやすい課題であったことが大きい。大震災や甚大な被害をもたらす自然災害がいつ発生しても不思議ではない現在、国および自治体にとって、地域の防災の要となる消防団活動の活性化は喫緊の課題のひとつであり、とりわけ若者の消防団活動への関心の希薄化への懸念は強い。政治的実現可能性の比較的高い課題であったとみることができる。二つめは、中京大学と豊田市との包括連携協定にもとづいてお互いに覚書を交わしたはじめての事業企画であったために、制度的に学生幹事たちを支援する枠組みが既に設定されており、その後の政策実現の過程では試行錯誤の側面も多々あったが、行政の各部署が学生幹事たちの要望や依頼に対応しやすい仕組みをとっていたことである。このため、本来であれば容易には組むことができない消防本部総務課という、今回の政策実現のためには不可欠のパートナーと組むことができた。そして、消防本部総務課をパートナーとすることができたため、学生幹事たちのそれ相応の努力は認めるものの、消防団への1日体験入団というかなり専門的・技術的な領域の課題において、行政的実現可能性を突破することにつながったといえる。

第2に、今回の政策実現に参画するなかで、学生幹事たちが大きく成長したことである。彼らは、学生本来の学業やP研、そして公務員講座も受講しつつ、体験入団事業の企画から実現までをやり遂げた。それは、P研の先輩たちから受け継いだ企画を是非とも自分たちの手で実現するという強い思いがあったことは想像に難くないが、いくつもの課題を克服するなかで成長を遂げて行った。一つめは、驚くほど時間の管理が上手くなり、課題に対して創意工夫を凝らすようになって行ったことである。7月下旬のことであるが、消防本部で打ち合わせを終えた帰り道に、これから順次ブログを作成することになった。概ね3日ごとにブログを更新するとして、4人の幹事でローテーションを回せば各自の負担も軽くなる。そして、それだけではなく、それぞれが担当するブログであるとしても、一貫したストーリー性をもったブログにしようということで、第1回から第12回くらいまでの各回の内容をストーリーに添って次々と検討を行うなど、4人でテキパキと課題を片付けていた。二つめは、先とも関係しているがチームワークが格段に向上していったことである。当初は戸惑いながらも、次第に消防本部や当方との打ち合わせを終えると、その場で即座にいくつもある課題の分担を決め、次回の打ち合わせまで誰が何をどこまで仕上げるのかを決めていた。また、誰かがいつもリーダーというわけではなく、皆で補完しながらチームの質を上げていた。これらの学生の成長は、市の各部署の担当者から伝わってくるこの事業企画実現への支援の思いと、彼らも次々と学生幹事たちに対してアイデアを提案し、そしてスピーディーに課題に対処して行く姿から得られたものに相違ない。

第3に、今回の政策実現において、豊田市の柔軟な行政文化の存在が大きかったのではないかと考えている。つまり、市の担当者自ら行政組織が縦割りであることを率直に認識しているとともに、縦割りであるがゆえに所掌する領域については確実に実行することが可能となる。さらに、今回の政策実現の過程では、各部署と他の行政部署との協議や調整のスピードが驚くほど速かったことである。多くの職員が、分業体制をとる行政の縦割りの利点とともに、それぞれの職員が絶えず政策課題に対して全庁的な視点から捉えていることがうかがえた。

以上の3点にわたる見解は、仮説的な内容も含まれているが、今後さらに検証を重ねるなかで、より説得力ある議論を展開することにしたい。改めて関係各位に深く感謝したい。

参考・引用文献

礒崎初仁・金井利之・伊藤正次著　２０１４『ホーンブック地方自治〔第3版〕』、北樹出版
伊藤眞知子・小松隆二編著　２００６『大学地域論‐大学まちづくりの理論と実践』、論創社
大宮登・増田正著、高崎経済大学附属地域政策研究センター編集　２００７『大学と連携した地域再生戦略』、ぎょうせい
大森彌　１９９０『自治体行政と住民の「元気」』、良書普及会
刈谷剛彦ほか編　２００４『創造的コミュニティのデザイン　講座　新しい自治体の設計5』、有斐閣
小松隆二　２０００『公益学のすすめ』、慶應義塾大学出版会
渋谷努編　２０１３『民際力の可能性』、国際書院
辻山幸宣編　１９９８『住民・行政の協働　分権時代の自治体職員7』、ぎょうせい
人見剛ほか編　２００１『協働型の制度づくりと政策形成』、ぎょうせい
中村昭雄編　２００３『行政・大学連携による新しい政策形成』、ぎょうせい
西尾隆編〔西尾勝／神野直彦編集代表〕　２００４『自治体改革9 住民・コミュニティとの協働』、ぎょうせい
森田朗ほか編　２００３『分権と自治のデザイン　講座　新しい自治体の設計1』、有斐閣
山本啓・雨宮孝子・新川達郎編著　２００２『ＮＰＯと法・行政』、ミネルヴァ書房

【コラム１】

大学等との包括連携にかける期待

豊田市経営戦略室

１　包括連携協定の意義

豊田市では地域との共働によるまちづくりの指針として、「豊田市まちづくり基本条例」を制定し、市民・企業・大学等との共働の効果を発揮するための具体的な計画として「地域経営戦略プラン」を推進している。その取組の一つとして、平成25年3月に、豊田市内にキャンパスのある愛知学泉大学、愛知工業大学、中京大学、日本赤十字豊田看護大学及び豊田工業高等専門学校（以下、５大学等）との間で包括連携協定を締結し、５大学等及び豊田市の窓口（連携協議会）を中心に、円滑な事業連携を図っている。

２　包括連携協定の効果

包括連携協定の締結により、例年開催する連携協議会において連携事業に関する総括的な情報交換や調整を行っている。協定締結前と比較して、行政側では大学等の高度な知見や人材をまちづくりへ活用する機会が拡充した一方、大学等側では研究や学生のまちづくり参加に係るフィールド所管課とのスムーズな調整が可能となる等、双方がコーディネート機能を活かしながらメリットを共有している。個別の連携項目としては、連携当初からの取組である審議会等の委員、調査研究アドバイザリーの他、最近では、市民向け公開講座の開催や学生によるデザイン制作等、大学等の企画発意と行政まちづくりの政策課題がリンクした発展的な事業も発現している。

3 Let's try "HAPPY SBD（消防団）"! の一取組

前述の発展的な連携事業の例として、中京大学 桑原英明教授とその研究室の学生が企画した消防団員の募集事業（SBDプロジェクト）を挙げたい。豊田市では近年、若者の消防団員不足が課題となっている。そのような現状を踏まえ、中京大学は平成26年度に実施した「学生発⇒豊田市まちづくり提案」を契機として、学生による実行委員会の組織化、実際の学生募集から体験訓練までの一連の企画を豊田市消防本部と連携して検討・実現した。このような事業を例に、〝参加型〟のまちづくりから、〝参画型〟のまちづくりへ発展する取組が今後拡大していくことを期待したい。

～本連携事業における課題解決の視点～

①大学生が消防団について「知る」機会の創出
②若い世代の入団促進に繋がる企画検討
③大学生目線による体験プログラムの企画

4　今後の包括連携への期待

今後の包括連携への期待としては二つの要素が挙げられる。一つ目はまちづくりの担い手としての「学生活動」の活性化で、豊田市駅周辺の都心エリアを中心とした活動環境の充実や参画機会の向上に向け、5大学等と連携して進めていきたい。

二つ目は、連携領域の拡大で、「国際化」、「観光」、「防災」、「スポーツ振興」など、様々な地域課題への対応として、5大学等の専門的領域を十分に生かしながら、各大学等が共同し複合的に機能・連携した体制へ発展させ、さらなる深化を図っていきたい。

【コラム2】

大学との連携に期待すること

豊田市消防本部総務課

1　連携事業の意義

平成27年4月1日現在、消防団の組織概要等に関する調査の結果、全国の学生消防団員数は2,950人であり、前年度より225人増加しています。過去10年間の推移を見ると、学生団員数は年々増加傾向にあり、団員数の減少が全国的に問題となる中、将来の地域防災の担い手となる若い世代の消防団への入団に対する期待は日増しに高まっています。

現在、豊田市消防団では約2,100人いる団員の内、10人の大学生・専門学校生が活動しています。市の人口ビジョンが高齢化傾向を示すのと同様に団員も高齢化が進み、また、団員数の不足に歯止めをかけるためにも、大学生・専門学校生の入団促進に向けた大学との学官連携事業への期待は、今後一層高まっていくと予想しています。

そのような中、今回の連携事業「Let's try "HAPPY SBD"!～豊田市消防団1日体験入団～」が、学生の視点で豊田市の防災まちづくりの課題を掘り起こし、地域防災の要である消防団にスポットを当て、ミライの災害に強いまち豊田の実現に向けた施策として「大学生の消防団体験」の事業提案を導き出したことは、消防団の抱える喫緊の課題に対して第一歩を踏み出すきっかけとなった点において、連携事業の意義は大きいと考えます。

2　大学との連携に期待すること

今回の事業提案の実現において注目すべき点は、企画立案から運営までを対象者と同じ世代である豊田市ＳＢＤ実行委員の学生が実施したことです。学生自らが消防団活動の見学や実体験を通して、もっと知りたい、やってみたいと感じたことを、参加者が体験会に求めるニーズとして捉え、体験プログラムに反映させたことで、効率的な事業展開が可能となりました。このように、消防団の入団促進事業について学生が参画する共働の形態は、全国的にも例を見ない新たな取り組みとして、今後、他の自治体にも取り入れられることを期待します。

体験会を終えて、参加者へのアンケート結果や聴き取りなどから、今回の連携事業の持つ参加者への効果について考察した結果、以下のことが考えられました。

①実践型プログラムを「楽しく学ぶ」ことで、訓練など固く厳しいイメージを持つ消防団を、魅力的で気軽に参加できる地域貢献活動の一つとして理解し、受け入れることができる。

②消防団について「知る」機会を作ることで、活動内容を正しく理解し、地域防災における必要性や重要性を参加者自身が考えることができる。

実行委員の学生と企画立案を進める上で、まず初めに時間をかけて取り組んだことが体験会の

「目的の明確化」でした。参加者と同様、実行委員の学生自身も消防団への漠然としたイメージからの出発であったため、打合せを繰り返しながら目指すべき方向性と目標となる効果について検討し、「学生の消防団への関心と知識を深める」ことを主眼に体験プログラムを構成していくことになりました。結果として、カラーガード隊の演技体験やランチミーティング、訓練を活かしたゲームを取り入れ、「楽しく学ぶ」ことで参加者の関心を引き、消防団施設の見学やグループディスカッションにより「知る」機会を設けたことで消防団への知識を深めるという本事業の目的を見事達成することができました。

学生の持つ企画力に可能性を感じ、臨機に課題を解決するチームワークと行動力の発揮に今後の事業展開に向けた方向性を示せたことは、本事業から得られた最大の効果であり、今後の大学連携と学生との共働に期待することであると考えます。

【コラム3】

新☆豊田市誕生10周年プロジェクト——市民発！　まちづくりシン展事業

豊田市企画政策部企画課

1　市民発！　まちづくりシン展事業

本市は平成17年4月1日に、豊田市、旭町、足助町、稲武町、小原村、下山村、藤岡町が合併し、新・豊田市が誕生した。平成26年4月に合併10年目を迎えるにあたり、これまでのまちづくりの取組・成果を再確認し、これからのまちづくりの方向性を展望する機会とし、また、市の魅力やまちづくり資源をあらためて見つめ、地域への愛着や一体感を更に育てることを目的に、新☆豊田市誕生10周年プロジェクトを推進している。

プロジェクトの一つ、「市民発！　まちづくりシン展事業」（以下、「シン展事業」という）は、これまでの振り返り、展望を踏まえた新たな施策展開として、市民・団体・事業者による共働提案により実施する事業であり、具体的には、地域課題の解決や新しい社会の創造に挑戦する取組を「ミライのフツー☆チャレンジコンテスト」において公募し、40事業の応募から20事業を採択した。平成27年4月から平成28年3月までミライのフツーを目指して事業の実施中である。

2　ミライカフェの狙い

シン展事業では、応募要件として「分野」、「地域」、「主体」、「世代」の垣根を越えることを要件とした。これは、従来の枠に囚われない取組や掛け算による新たなコラボレーションから生まれる取組が提案されることを期待してのものである。垣根を越える仕掛けとして、〝ミライカフェ〟（以下、カフェという）という場を設定した。市民活動では広がりつつある対話の場である。ここでは、「シン展事業」のエントリー者を中心に市民活動者、地域活動者、事業者、大学生、行政などの様々な人がお茶を飲みながらの対話を通じて気づきやヒントを得、事業のブラッシュアップを行った。また、事業を実施する者も参加でき、「ミライのフツー☆チャレンジ」をキーワードに多様な人材が交流する場となった。

3　ミライカフェの効果

多様なバックグランドを持った人材が集まり情報交換を行うことで事業のブラッシュアップを図ったほか、カフェを契機に同じ思いを持ったエントリー者がマッチングされ、新たな事業が創出された。また、複数回の参加を通して参加者同士のつながりも生まれ、事業の協力という形での連携も生まれた。

なお、シン展事業及びカフェの企画及び運営は市民活動者、地域会議、企業、行政等から構成する実行委員会が実施しており、対話形式での運営に精通する実行委員がカフェのファシリテーターを担った。これにより、参加者は行政主催に比べ気軽な雰囲気で参加することができたと言える。

4　ミライカフェの今後

新☆豊田市誕生10周年プロジェクトは、平成27年度で終了するため同様にシン展事業並びにカフェも終了する予定である。超高齢化及び人口減少社会を迎える中、社会課題の解決に挑戦する多様な人材が活躍し、多くのミライのフツーが実現されることを期待したい。

「まなびや@kyuban」と外部組織との連携
——大学との関わりを中心に

渋谷　努

1　はじめに

本章では、外国人児童へのサポートをしているＮＰＯと大学生による団体との関係の推移から、ＮＰＯと大学との連携のあり方について考察する。本章で取り上げる「まなびや@kyuban」[1]は外国にルーツを持つ児童を中心に、地域内に住む子供たちに対して「居場所」を提供し、学校教育の補修活動を主に行っているＮＰＯ団体である。「まなびや」の２００９年の発足から２０１２年までの活動に関してはすでに別に論じた（渋谷、２０１３）。本章では、主に２０１２年以降の「まなびや」および主催者である川口祐有子氏の活動の展開についてまとめるとともに、発足から現在までの「まなびや」と外部組織、特に大学との関係のあり方の推移について論じていく。特に中京大学の学生を中心に組織され、２０１５年まで活動していた団体 Nineight[2]を取り上げ、学生団体が直面した問題を取り上げるとともに、「まなびや」と「ニネイト」との関係の変容について考察した上で、「まなびや」のトラジェクトリー（軌跡）の中で「ニネイト」の占める位置について明らかにする。

2 「まなびや」のこれまで

「まなびや」の発足は、リーマンショックの影響がトヨタのある豊田市や名古屋市に現れ始めた2008年10月だった。名古屋国際センターやUR都市機構そして自治会からの協力や理解を得て、子供たちの居場所作りを目的に活動が始まった。

団体の経済的基盤としては、国や県からの国際交流基金や日本語教育支援基金など公的助成に基づきながらも、時には川口さんの「自腹」で経済的な負担を負うこともあった。

川口さんにとって「まなびや」の活動を始めて分かったのは、外国にルーツを持つ子供たちに対して日本語指導を特にする必要がないことと、外国人だけではなく日本人児童に対しても「居場所」が必要な点だった。九番団地に隣接し団地の子供たちの多くが通っている東海小学校での、外国人児童

1 以下「まなびや」と表記。
2 以下「ニネイト」と表記。

に対する日本語指導は十分であった。そこで、「まなびや」では日本語指導も目的としているが、特に子供たちに対しては、それ以上に教科学習支援を中心に行っている。宿題を子供たちと一緒にすることで、毎日一定時間の勉強をする習慣を身につけさせようとしている。さらに、漢字や日本語の意味など、家に帰ってから親に聞いても解答が得にくい場合などがあるために、「まなびや」で宿題をするようにさせている。

さらに、「まなびや」を始めてから見出したのは、日本人の子供たちにとっても、放課後に居場所が必要なことだった。九番団地に住んでいる日本人児童の中には片親や両親ともに働いているため、放課後子供だけで過ごさなければならない者がいた。このような日本人児童に対しても支援をしなければならず、「まなびや」で受け入れる子供を外国にルーツを持つ子供に限定することなく、日本人の子供たちも受け入れるようになった。

その後、地元の保育園とのネットワークの形成や地元のニーズに応える形で、「まなびや」の活動は、子供の居場所作りにとどまらず、スペイン語教室や母語教育に関わる活動も行うようになった。また、対象となる児童も外国にルーツを持つ者ばかりではなく、外国にルーツを持たない日本人児童も訪れるようになっており、文化を超えた関係が形成されていた。

以上のことから「まなびや」の活動で最も特徴的なのは、子供の居場所づくりの対象を「外国籍」児童に限っていないことである。このやり方によって、外国にルーツを持つ子供たちは母語だけでなく、日本語で話す機会が増えた。だからといって、「まなびや」の中で、日本語で話すように強制されることもなく、結果的に教室の中での日本語の位置を相対化することとなった。

子供の居場所づくりで始まった活動が、九番団地に住む外国人のニーズだけではなく、日本人住民のニーズにも応えていた。そこから、「まなびや」の活動は、外国人支援を中心として地域支援活動にまで広がっているといえる（渋谷、2012）。

3　「まなびや」と外部組織（大学以外）との連携

「まなびや」は、活動をするにあたって県や市といった行政やＮＰＯ団体など多様な組織と連携しながらその活動を展開してきた。愛知県や名古屋市から委託事業を受け、経済的につながっている。それだけではなく、県や市、特に名古屋国際センターが行う多文化共生に関わるイベントなどに対しても、川口さんが「まなびや」の代表としてまたは個人として積極的に参加していた。特に愛知県による母語教育プロジェクトに中心メンバーの一人として関わり、また名古屋国際センターとはおよそ月に一回のペースで外国人児童教育の実践者との勉強会を開催している。このような相互関係を通して、お互いの仕事を認める相互の信頼関係が形成されていることを見出せる。

地域内での関係で言えば、区役所、自治区、保育園、小中学校との関係も継続している。さらに港区多文化共生推進協議会のメンバーとなっており、そこでは自治区や小中学校の校長、警察や消防署の関係者と意見交換を行っている。港区社会福祉協議会と連携して、ブラジルの食文化やブラジル出身者の生活状況について知る講座を開催したこともある。

川口さんのネットワークも、九番団地に限定されず愛知県や東海地域で外国人支援をしている団体や外国人当事者団体を通して広がっている。「コリアンネット」との連携で2015年春には在日コリアンとともに多文化共生を啓蒙するイベントを行った。

「まなびや」の活動は7年目を迎えているが、活動としては九番団地を基盤とした外国人児童の居場所作りを中心とした、現場のニーズに応じた活動を展開していた。しかし、「まなびや」は、地理的に九番団地に限定されることなくネットワークの拡大とともに活動内容が多様化しており、また活動範囲も地理的に九番団地を越えたものになっている。このように、「まなびや」の活動の展開には、外部組織との連携が活動の内容や地理的な活動範囲に与えた影響が大きいことを指摘できる。

4 「まなびや」と大学との関わり：NPOと学生ボランティア

「まなびや」は、活動の早い時期から大学と、特に教員を通した交流があった。地理的にも九番団地と近い名古屋学院大学では、学生ボランティア団体が週に数回、ある程度定期的に「まなびや」に数名ずつ訪れ、小学生の宿題を見たり一緒に遊ぶ活動を行っていた。名古屋学院大学のボランティアは、大学公認の部活として活動をしており、毎年活動費も大学から支給された。部活に関わっている学生の中には、積極的に「まなびや」の活動に関わり、部として「公的」にサポートをする曜日ではない時にも来て、子供たちのサポートをしている者もいた。その他にも、日本語教育や外国人児童の問題に関心のある教員のゼミ生などがサポートという形で関わっていた。

大学生と「まなびや」の関わり方で言えば、大学生が「まなびや」の活動に加わる場合、大きく2種類にその動機を分けることができる。一つには、外国にルーツを持つ子供の教育に興味がある、またはは卒論やレポートをそのテーマにしたために、実情について知ることを求める場合である。このような学生の場合は、必要な情報が集まった段階で来なくなる場合がある。

もう一つの場合が、ボランティアとして「まなびや」の活動を「サポート」するために来る場合がある。この学生にとっては、「まなびや」での作業を手伝い、それによって達成感を意識することが目的だった。そういう学生には継続性がみられた。

5　学生組織「ニネイト」の始まり

「ニネイト」は2009年に筆者が川口さんを中京大学に招き、名古屋市における外国にルーツを持つ子供たちが抱えている問題を、九番団地の例を中心に話してもらった。その講演会の最後に、「まなびや」として今抱えている問題は何かという質問に対して、川口さんは中学生への支援を求めた。小学生への対応は、日本語教育は隣接する公立小学校で対応ができ、教科教育に関しては、「まなびや」で面倒を見ることができる。それに対して、中学生になると授業の内容も高度になり教えることが難しくなる。そこで、中学生への学習面でのサポートの必要性を訴えた。

その訴えに答える形で、講演会に参加していた学生を中心に、九番団地に住む中学生への教科教育支援を目的とする活動を開始することとなった。「ニネイト」の運営方法は、基本的には学生が試行錯誤しながら進めていった。最初は、週に1回2時間程度の時間で、団地内の集会所で行っていた。主要5科目に対応していたが、その中でも特に数学と英語を中心に行った。週に1回行っていた時には、中学校から出された宿題の中でわからない事を教えるという内容であった。この形態で数回行ったが、中学生が集まらないことが続いた。そこで来ていた中学生に話を聞くと、毎週行う必要はなく試験前にしてもらった方がいいという意見が多かった。そこで定期テストの前の週末に集中的に行うことになった。

テスト前の補修の進め方としては、中学校で指定している試験範囲内での問題集や教科書の問題を解くのをサポートした。考え方や問題の解き方、暗記の仕方を教える事もあった。基本的には子供たちが何をやるかを決め、大学生はそれをサポートする形だったが、自分の嫌いな教科をやりたがらない子供に対しては、大学生の方が教科を指定する事もあった。

中学生から参加料を取るかどうかは議論したが、参加するハードルをできるだけ下げたいということで、参加は無料とした。支出に関して言えば、集会所の借用料と学生ボランティアに交通費を支給することにしたため、必要な経費分を捻出する必要があった。愛知県の市民活動への助成である「愛・地球博記念あいちモリコロ基金」からの助成を受け、参考書や文具用品などの必要なものを購入した後は、外部資金に頼るのではなく、チャリティーバーベキューを開催するなどして自分たちで収入を獲得できるようにした。

1回に2時間から3時間程度、定期試験対策として試験期間前の週末に勉強会を行った。勉強しにくる中学生は10人以上来る時もあれば、2、3名しか来ない時もあった。試験前に集中したり、開催する曜日や時間帯を変えるなど工夫したが、受講者数が一定化することはなかった。受講生2—3名に対して大学生が1名は必要だった。受講生の数が読めないために、毎回の「ニネイト」の活動に何名の大学生スタッフを用意するかを決めるのが困難だった。場合によっては、大学生2名に対して10名近くの受講生が来ることがあれば、大学生が6名いるのに受講生が1人や2人の場合などがあった。前者は大学生に対して負担が多くなったり、後者の場合は、行ったとしても大学生側が手持ち無沙汰になってしまうことがあった。

6 「ニネイト」の活動上の問題点

「ニネイト」での活動を維持することから、学生によるボランティア活動を運営する際の二つの問題点が浮かび上がった。

1 大学生スタッフのリクルートの問題

「ニネイト」の活動への大学生の参加募集は、渋谷教養テーマゼミ[3]の授業の一環として2012～2013年度の2年間行った。受講生は各年とも4～5名だったため、スタッフの数はそれだけでは足りなかった。そこで、渋谷のその他の講義の際に学生スタッフをリクルートするためにビラを配り、活動の説明会などを行った。また、スタッフの友人関係を使って、リクルートを行った。その際に呼びかけの言葉としては、「外国にルーツを持つ子供たちに勉強を教えてみませんか」というものであり、経験の有無は問いません、と間口を広げて募集した。

興味を持った学生は、「試し」に活動に参加した。しかし、参加した後、活動に継続的に参加してくれた学生は非常に少なかった。学生たちが活動を続けなかったのは、彼らが抱いているイメージと実際の現場とのギャップによるものだった。その中で多くの者が言っていたのは、受講しにくる中学生たちが彼らが抱く「外国人」的要素が欠けているからだった。もちろん受講生の中には外国にルーツを持つ者だけではなく日本人の子供たちもいた。それだけではなく、受講生の外見が「外国人」っぽくない、つまり金髪や白人、黒人ではなく、自分たちと同じアジア系の外観をしていることに対して物足りなさを抱いていた。

さらに、大学生は、受講生の多くが日常生活レベルでは日本語で会話できることが拍子抜けだった。ボランティアで来ていた大学生にとって、日本人中学生に勉強を教えているのとなんら違いを感じられず、彼らが望んでいた「外国人への支援」という意欲を充たすことができなかった。

もちろん、日常会話では問題なくとも、難しい漢字の読み書きができなかったり、数学の応用問題を理解することの困難さなどは、何回か経験していけば気がつく点である。さらに、表面的なものを超えた「ニネイト」に来ている中学生が抱えている問題について説明をしていたとしても、学生たちの活動の継続には大きな影響を与えることはなかった。

3　教養テーマゼミは、学年、学部にかかわらず、履修できる一年間のゼミ形式の授業である。

2　学生としての利点と限界

「ニネイト」に参加した学生たちは、活動を通して自分たちの利点・特徴と限界を認識することになった。利点に関して言えば、学生が自分の持っているある程度の専門性を生かすことができ、しかも子供たちとの年齢が近いのが子供たちが親密さを感じる要因となり、大学生が活動する場合の利点となっていた。また子供を相手にする体力があるのも利点となった。このような対象学生との年齢的な近さと、対応できるだけの体力が学生が持つ資本として機能していた。

その一方で、活動を通して学生たちは自分たちの限界を意識するようになった。彼らが直面し、対応に困った問題は子供たちの集中力が切れやすい、一度遊び始めると勉強に切り替えさせるのが難しい、というものだった。これは、「ニネイト」の活動をどのように運営していくのかと密接に関わっていた。活動を始めた頃は、1回の活動時間を2~3時間としていた。ただ、受講生の中ではモチベーションにも来る動機にも個人差があり、積極的に試験勉強をしようと来る者もあれば、友達に連れてこられた者や家にいるのが嫌で来たなど、初めからやる気がそれほどない者もいた。そこで、モチベーションの低い受講生は集中力が続かず、すぐに隣の子と話を始めさらにはふざけて遊び始めてしまうことが多かった。一旦遊び始めてしまうと大学生ではなかなか抑えることができず、その後の時間はずっと遊んで終わってしまうこともあった。

遊び始めるきっかけになりやすい休憩を、どのような形で取るのかも試行錯誤だった。個別に切りのよい段階で休憩を取っていたが、そうすると遊んでいる子がまだ勉強している子供たちにちょっかいを出すことがあった。また、全員で同時に休憩を取ったこともあったが、この場合でも休憩時間が終わってもなかなか勉強に戻らず、大学生たちが手こずっていた。試行錯誤の中で最も効果的だったのは、部屋をもう一つ借りて、勉強する場所と遊ぶ場所を明確に分けるやり方だった。もう一部屋分借りるのは経済的に負担だったが、そうすると勉強したい子はやりたいだけすることができ、息抜きが必要な時は遊びに行くことが可能になった。

大学生にとって自分たちの学力の面で限界を感じさせられたのは、対象となる子供たちの学年が上がり高校生になることにより、教える内容が高度になり自分たちに手に負えなくなっていたことである。活動を開始した時は中学生がほとんどであり、宿題や試験範囲の数学や理科といった理系科目にも対応することができた。しかし活動期間が長くなると、対象となる子供たちが高校受験や高校生になり、その科目への対応が必要になっていった。「ニネイト」に関わる大学生は、文系の学生がほとんどであり、理系科目に対応することができなかった。高度な理系科目に対応する自信がないこともあり、高校生には勉強のことだけではなく、大学進学やその他の就職などに関しての相談相手的なものに、その活動内容がシフトしていった。

7　「ニネイト」と「まなびや」及び中京大学との連携

「ニネイト」は、「まなびや」の川口さんの一言から始まった。しかし、活動を開始してからは、基本的には一線を引いた形の連携をとった。教室として利用した九番団地内の集会所を借りる際に便宜を図ってもらうことなどあったが、経済的に「まなびや」を頼ることはなかった。

また、「ニネイト」の活動の中で、前記のような問題に直面した際に川口さんにアドバイスをもらうことは何度もあった。ただ、川口さんも、「ニネイト」を大学生が経験し学習する機会と考えていたので、一方的に指図をすることもなかった。

「ニネイト」と「まなびや」の間では、具体的な場面では連携が行われていた。「ニネイト」の開催日を知らせるなどビラを配布するのは、「まなびや」においてであり、「ニネイト」にくる中学生以上の受講生のほとんどが「まなびや」に来ている子供たちだった。例外は、「まなびや」に来ている子供たちが、友人を連れてくる場合である。

「まなびや」の活動に「ニネイト」のメンバーが関わることが多々あった。メンバーは「まなびや」での日々の居場所作りや小学生向けの学習補助の活動に関わっていた。また、「まなびや」が九番団地の国際フェスタの際に行うお化け屋敷の会場設営を手伝ったり、当日にお化け役として参加する場合もあった。「ニネイト」のメンバーにとっては、「まなびや」の活動に関わることによって、子供たちとの接し方を自然に見て学ぶきっかけになっていた。

また、「まなびや」の日々の活動に関わっている他大学の学生が「ニネイト」に加わることもあった。名古屋学院大など他大学の学生のなかで、「まなびや」に関わっていた学生たちの中から、中学生への学習支援に興味を持つ学生をリクルートすることがあった。

「まなびや」と「ニネイト」は組織的に考えた場合は、別のものであった。しかし、そのような枠を超えて、それぞれの活動に関わっている者は、相互の活動に関わっていた。

「ニネイト」の活動は、最初の2年間は大学カリキュラムのなかの授業の枠組みで行っていた。そこで、シラバスでも事前に授業のなかで九番団地での活動に関わることが必要であり、それを了承したものが受講した。そこで、受講生にとっては「ニネイト」の活動に参加することが単位習得に必要な条件となった。

その後、「ニネイト」の活動と履修とを関連付けることをやめたために、その後は大学のカリキュラムと「ニネイト」の活動は関連していない。また、この時期からは、他大学の学生も「ニネイト」の活動に関わるようになってきたために、大学を超えたメンバーが共に活動をする時期があった。この「ニネイト」の活動は、参加する大学生の数の減少とともに、以下で紹介する「まなびや」の内部での変化によってその活動意義が薄れてきたために、現在活動を休止している。

8　「まなびや」青年部の発足

２０１１年以降で、「まなびや」に起こった大きな変化のひとつは、「まなびや」青年部が生まれたことである。２０１１年に、「まなびや」の初期から通っていた子供たちが中学校を卒業した。それを機に青年部が成立した。「まなびや」は中学生までを対象としているために、中学卒業とともに「まなびや」は卒業となる。

しかし、この年に卒業する子供たちは小中学校の長い間、「まなびや」で過ごしお互いが「兄弟姉妹」のような関係になっていた。そこでそのようなつながりを維持するために青年部を形成したと考えられる。また、もうひとつの要因が、「まなびや」がなくなるかもしれないという危機感だった。「まなびや」の経済状況は、既に述べたように国や県などからの委託事業や助成金で成り立っていた。また、「まなびや」に通っている子供たちも、中学生になる頃には「まなびや」の経済状況が「楽」ではないことをある程度理解していた。その中で、その年度で助成金が打ち切られるという噂が子供たちの間で流れた。子供たちの間では、その助成金がなくなると「まなびや」の運営ができなくなり、なくなるのではないかという危機感が生じた。そこで、低学年の子供たちの面倒を見るなど川口さんの負担をできるだけ減らし、「まなびや」を存続させたいと、自発的に「まなびや」運営を支援することの必要性を自覚することから青年部は結成された。

青年部は、まだ明確に組織化されたものではなく、メンバーもはっきりしていなければ代表も役割分担も明確化していない。10数名が入っているlineのグループでお互いの情報交換や連絡をしている。また、そのlineのグループには「まなびや」にボランティアで来ていたり、九番団地で行われている日本語教室にボランティアに来た日本人が加わっている。

メンバーの属性を見ていこう。定時制に通っている者を含めて高校生が多いが、大学生や高卒後働き始めた社会人も含まれる。親の国籍でいうとブラジル、ペルーといった南米出身者を親に持つ者に加え、フィリピン、日本国籍を持つ者がいる。また、両親の文化的背景が異なる、いわゆる「ハーフ」の者もいる。また、メンバーの中にはなんらかの形で障害を持つ者も含まれている。

このように、青年部の構成員は、「まなびや」の基本姿勢である、人の「多様性」を受け入れる活動のあり方を経験していた。メンバーたちは、その中で育っているため、「多様性」を受け入れることは自明のことであり、お互いを今更区別することはなかった。

4　以下、青年部と表記。

9　青年部の活動

時間的に余裕がある青年部のメンバーが月・水・金曜日に、「まなびや」に来て夜までの時間を過ごしていく。事前に連絡を取り合うこともあるが、高校から帰ってきたらまっすぐ集会所に行く。時間が早い時には、「まなびや」がまだ行われており、川口さんたちの作業のサポートを行う。それは自分たちが小さかった頃にしてもらったことである。小学校の漢字の書き取りをしている子がいれば、後ろや横から覗いて漢字が間違えていないかをチェックしたり、算数の文章題で困っている子に対して、その問題が求めている意味を解説し、解き方を教えている。中学生に対しても、宿題の手助けをすることもあれば、試験直前に試験範囲を教えることもあった。また、夏休みや冬休みなど長期休暇の際には、大量に出た宿題のための学習会の手伝いをしている。

高校生たちは勉強の指導だけではなく、一緒にカードゲームをしたり、追いかけっこが始まることもある。また、小学校や中学校の先生の現況や噂話の情報交換をしたり、恋愛相談になることもある。さらに、中学生相手だと、高校進学や受験に関する相談を受けることもある。

「まなびや」が終わると、小中学生は帰り、青年部の高校生が残った。6時以降にくる高校生も多く、そこには顔見知りの誰かがいて、その日に学校であった出来事などを話し合う。また、7時を過ぎた頃には高校を卒業して社会人となった卒業生や日本人青年も加わることもあった。彼らの間でその日にあったこと、その時社会で話題になっていることなどについて、それぞれが意見を加えながらコメントしていた。

青年部のメンバーは、「まなびや」に来ている子供たちのほとんどを認識している。それは自分の弟や妹の友人である場合もあるが、「まなびや」で共に育ってきた「キョーダイ」のようなものである。

さらに、母語教育の一環として、青年部のメンバーが自分のポルトガル語やスペイン語など母語での絵本の読み聞かせを不定期ではあるが行っている。どの絵本を読むのかの選定も自分で行っており、家から絵本を持ってくることもある。

その他に、「まなびや」の年中行事に対しても積極的に関わっていた。クリスマスやハロウィンのパーティの際には部屋の飾り付けを行い、さらに提供する食べ物や食器の準備などを行っている。

川口さんが中心に行っている、様々な文化的背景を持った人たちが、自国の料理を一品持ち寄る国際ポットラックパーティの際にも食材の下ごしらえや食器の準備などを手伝っている。

名古屋国際センター主催で、「まなびや」も運営に大きく関わっている「みなと国際交流のつどい」では、会場設営などの下働きもすれば、司会をしたり会場でのアナウンスをポルトガル語に通訳する役割を果たした。

彼らの活動は、九番団地を越えて広がっている。川口さんからの提案という形がほとんどだが、愛知県や名古屋市など行政が企画しているイベントや川口さんが主催メンバーになっている活動に参加している。名古屋国際センターが主催している外国籍児童サポーター養成研修の公開講座では、外国にルーツを持つ子供たちのサポートを希望しそのノウハウを身につけたいという既経験者が研修を受けており、公開講座の当日は研修生以外にも一般市民を合わせて40名程度の聴衆がいた。その中で、青年部のメンバーの一人が、自分の学校生活の中で経験した問題点とその対処の仕方を報告した。

大人も子供も母語以外の言語に触れることで、様々な文化に親しむことができる場を提供することを目的とした「絵本の広場」に於いても、絵本の展示の仕方など会場の設営を行い、当日の運営にも関わっている。さらに、来場者の前で、自分が選んだ絵本の読み聞かせをしたり、２０１５年度では、会場内で行われた映画上映とその後のディスカッション部分の進行役の一人は青年部のメンバーだった。

２０１４年12月に愛知県主催で、多文化共生社会作りに取り組む大学生など若者たちの活動を報告し、聴衆が最もその活動に共感し、応援したいものに投票し順位をつける「グローバル社会につながる多文化共生　学生・青少年グループ活動発表コンテスト」が行われた。青年部はこのコンテストにエントリーした。このコンテストに出場するには、事前に書類審査があり、そのあと本番でのプレゼンテーションがあった。発表する内容の中には、活動の成果やこれからの活動目標を書く必要があった。書類作りとプレゼンテーションの準備を「ニネイト」の大学生が協力した。協力のあり方は、発言をメモする書記役だったり、記憶を呼び覚ますために写真を用意したりといった副次的なものだった。プレゼンテーションの内容を検討する反省の場も青年部がリードし、自分たちの考えをまとめていった。彼らのプレゼンテーションは、聴衆の評価で4番目となった。

青年部の活動をまとめると、一方には九番団地内での活動があり、他方では団地を超えた市民活動的な側面を持つようになっている。後者に対しては、川口さんが彼らを外に出して活動させているという側面が強い。九番団地という彼らにとっては居心地のいいところを出て、外の社会に触れてほしいという願いがあり、また若いうちから市民活動に関わり、積極的に自ら活動をすることが、今後彼らにとってプラスに働くという判断による。

前者に関して言えば、彼らの活動は「まなびや」の活動を補助するものであり、さらには中学生の勉強を教えるなどその守備範囲を超えた側面もある。しかしこれらの活動は、これまで大学生が「まなびや」のサポートのために行ってきたことだった。これまでは外部に頼っていたところを、現在の「まなびや」では大部分を青年部の助けを借りながら、「自前」でまかなうことが可能になっている。このことは、人材育成の成果を示しており担い手の面での不安が解消されている。

そこから、「まなびや」と大学との関係も変化してきており、以前は大学生が「まなびや」の活動を支援するという側面があったが、現在では「労働力」としての大学生はほとんど必要とされていない。現在でも大学生は来ているが、それは卒論や外国人児童の教育に興味があるといった研究目的のものであったり、支援ではなく「まなびや」という場所に居心地の良さを感じ、青年部との会話を楽しみに来ている者たちである。彼らにとって、もはや「まなびや」は支援の対象とはなっておらず、そこで多文化共生であったり、市民による活動のあり方、生き方を学ぶ場へと変質している。そのことを典型的に示しているのは、昨年度から始まったインターンシップの受け入れだろう。

10　終わりに

これまでの「まなびや」と大学との関わりをまとめてみよう。初期の段階では、「まなびや」の方で、人材が足りないという要因もあって、大学生のサポートを受け入れることがあった。大学側では、ゼミ授業の活動場所の確保という意味もあり、学生の教育的な側面を意識することが大きかった。大学から「公認」されたものではない組織であった「ニネイト」は、「まなびや」との関係で言えば、「まなびや」からの「要請」を受けて、活動を開始した。活動を開始してみると、学生たちの中での「外国人」イメージと現実とのギャップの問題、運営上の経験のなさや自分たちの限界を感じることが多々あった。

活動内容は、「まなびや」での活動のサポートをする場合もあれば、「まなびや」のスタッフでは対応が難しい中・高生の学習支援をすることもあった。しかし、活動が継続することで、「ニネイト」と「まなびや」との関わりに変化が生じた。運営が習慣化してきてスタッフに余裕が出てきたこともあっただろうが、それ以上に支援対象者の成長があった。彼らが経験から学び支援する側に成長していったことが、両者の関係に大きな変化をもたらしたと言える。それまでも大学と「まなびや」との間では、どちらかが他方に対してあり方を指図するような権力関係は見られなかったが、支援する側、される側という二項対立すらなくなり、多文化共生や市民としての活動を共に実践的に学ぶ場へと変質している。

引用文献

渋谷努　２０１３「現場から学ぶ『多文化共生』の課題と可能性」渋谷努編『民際力の可能性』、国際書院

福島っ子キャンプ活動を支える人々
――「雨にも負けずプロジェクト」という群れ方

成　元哲

1　不思議な縁に導かれて：雨にも負けずプロジェクト

東日本大震災からまもなく5年になるが、原発事故の影響は今も続いている。被災地の内外で風化が懸念される中、今も愛知から支援を続ける人達がいる。放射能への不安を抱き、外での活動が制約されている子ども達を愛知県春日井市に招き、「福島っ子キャンプ」を続けている市民団体「雨にも負けずプロジェクト」がそれである。財源は個人や団体の寄付と高校生達による募金が中心であり、宿泊場所は密蔵院という古刹が宿坊を提供している。食事や洗濯の世話をするのは地元の主婦、寝食を共にしながら子どもの世話や学習指導をする近隣の大学生ボランティア、密蔵院の近くに寮があって福島の子ども達と交流を続ける愛知工業大学名電高校野球部の選手達、マイクロバスで移動を担う日本料理店、朝食のパンを差し入れるパン屋。これらは、「雨プロ」の活動を支える「心を突き動かされた」人々である。

「雨プロ」の代表を務める中川國弘が、震災3カ月後、仙台市の会合で「福島の子ども達が危ない」という言葉を聞き、原発から約55キロ離れた福島県伊達市を訪ねると、初夏なのに長袖、長ズボン、帽子にマスク姿の子ども達が車で学校に通い、降りると校舎に駆け込んでいる姿があった。何の準備もないまま、その2カ月後から「福島っ子キャンプ」をスタートさせた。夏休みは20日間、春と冬は10日間、休まず続けてこれまで14回、のべ400人以上の福島っ子を愛知県へ招いた。思い切り屋外で遊び、次第に心を開いた子ども達だが、「ぼくは20歳まで生きられるのかな」と漏らすこともあった。毎回寄付を募り、滞在費は無料だ。回を重ねるごとに支える人の輪が広がり、「不思議な縁に導かれているようだ」と中川は振り返る。

本章は、原発事故後の福島っ子キャンプ活動を支える市民団体「雨プロ」に集う人々をコミュニティ（群れ方）の視点から捉えてみたい。「雨プロ」には、有志の個人ボランティアに加え、高校や大学の学生と教職員もいれば、近隣の住民、町内会や自治会の区長も参加している。また、近隣の商店の店主、民間企業、公共施設なども協力を申し出ている。これらの人々が連携して一つの不思議な縁、「雨プロ」に連なるコミュニティを形作っている。ただ、ここで注目すべきことは、震災・原発事故の被災者の支援という普遍的な目標を実現するために活動を続けているが、「雨プロ」はいまだにNPOにすらなっていないことである。周知のように、1998年12月「特定非営利活動促進法」（NPO法）が施行されて以降、全国でNPO法による認定数は5万団体を超えている。だからといって、「雨プロ」は町内会や自治会のような地縁型組織でもない。「雨プロ」は愛知県春日井市の密蔵院という寺院を拠点にしながら、春日井市や名古屋市周辺の住民や地縁型組織、近隣の高校や大学、または民間の協会や企業などからサポートを受けながら、社会的なニーズの高い「福島っ子キャンプ」を実現している。本章では、「雨プロ」の概要を論じた上で、ボランティアとして関わる市民（学生を含む）の役割と彼らが参加する動機や意義について論じていく。

2 「雨プロ」の成立と活動を支える人々

被災地から遠く離れた愛知県で「福島っ子キャンプ」活動が、なぜ継続的に行われているのか、また、どのように成立しているのかを「雨プロ」の代表、中川國弘への2013年6月のインタビューを中心に記述する。

「雨プロ」が福島の子どもを受け入れる企画を行うきっかけからみていこう。中川は、「放射能のない所で子どもを生活させて、本来の子どもらしさをとり戻すこと、心身のリフレッシュをしてくれたらいいな」という動機から始めた。「できる限り、長く愛知にいてほしいため、春休み、夏休み、冬休みと年3回行うことにした」。放射能の影響により外で遊ぶことができない長期休暇中は退屈しがちで、「福島っ子キャンプ」に参加する促進要因となる。子ども達が参加しやすい時期を選んでいることが「福島っ子キャンプ」が継続できる理由につながっている。

最初は、福島で部屋に閉じ込められたような生活から解放され、放射能がない環境でのびのびと楽しく、また精神的にも解放されたことで、子どもの笑顔が現れ、心身ともにリフレッシュすることができた。また、子どもが福島に帰ってきた時に、子どもの喜ぶ顔を見ることができて、「救われた」と福島の親達から感謝された。こうした経験が、親がまた「福島っ子キャンプ」に子どもを送りたいと思う動機につながっている。

「福島っ子キャンプ」は回数を重ねると、参加する子どもに変化が生じた。3～4回、回数を重ねるうちに子ども達が、自分の体の事について語るようになった。子ども達は、「自分はガンになる」、「白血病になるのではないか」、「自分は二十歳まで生きていられるのか」という。女の子の場合は、「自分が将来、赤ちゃんを産めるか」、「結婚ができるか」といったことを漏らす。子ども達は、自分達の将来に対して希望をもてないでいる。当初、「福島っ子キャンプ」では、福島ではできない外遊びや自由な生活を過ごせればいいと考えていたが、次のステップとして、子ども達に具体的に将来を感じさせてあげたいと考えるようになった。中川は、「夢や目標があれば人は歩いていける。子ども達に未来を感じてもらいたい」と話す。これに合わせて、「福島っ子キャンプ」のプログラムも、子ども達が自らの将来について、イメージをつかめるもの、つまり、福島ではできない愛知ならではの体験プログラムを盛り込むようになった。世間で「一流」といわれる有名人に会って体験談を聞く。それにより、子ども達が自分は将来こうなりたい、こういう道もあるということを知り、こういうことをやってみたいという気持ちをもってもらえるようにする。

中川は自身のブログの中に「最初の頃は仏教の話のなかで魚を与えるだけではダメだと、魚の取り方を教えないといけない。そうすれば、食べ物に困ることはないのだ」と書いている。これは子ども達に生きる力をつけてもらうこと、それによって、子どもも親も意識が変わってゆけばと考えた。子ども達が愛知にきて遊ぶだけでなく、生きる希望を見出せるように工夫する。こうした工夫から「福島っ子キャンプ」は毎回新しいプログラムが組まれ、子どもも継続して参加したくなるようになる。

キャンプに継続して参加する子どもは、全体の3分2がリピーター、そして3分1は新規参加者である。新規参加者は小学校1、2年生が多い。リピーターの子どもはキャンプが終わると、すぐ次のキャンプを申し込む。抽選は先着順であるが、家族が揃うお盆や正月を除いて、学校が終わった次の日からキャンプが始まる。

子ども達に自らの将来を感じてもらうために基本となるのは、「生きる力と楽しみである」と、中川は言う。体験を通して、子ども達に希望をもたせてあげる。がんばろうという力がわいてくる。それと同時に精神的にも強くなれる。今できることに最善を尽くし、それができれば次のステップが見えてくる。

子ども達を愛知に受け入れる体制作りについて、中川はまず子ども達が宿泊する場所を探し、春日井市の密蔵院という寺の住職を訪ね、協力を仰いだ。比叡山から密蔵院に来て10年になる院主の田村圓心は「宗派に関係なく、人としてつながっていくことが大事で、社会性のある寺にしたい」[1]という。

田村は福島の子どもが寝泊りするために宿坊を無料で提供することにし、休み期間を快適に過ごせるようにエアコンを設置し、風呂の増設を行った。

また、キャンプ中に子どもの世話をしてもらえるボランティアを求めて、最初は近隣の至学館大学（愛知県大府市）のボランティア団体に声をかけ、大学生のボランティアの協力を得る。その後、中部大学、中京大学などから学生ボランティアが加わり、また中京大学からはグラウンドやアイススケート施設の提供を受ける。

宿泊場所とボランティアが確保できた後は、食べ物の工面である。当初は中川自身の貯蓄を崩して食料の確保を行ったが、それだけでは続かない。だが、2回ほどキャンプを重ね、新聞などに報道されると、近隣の住民や農家が、お米や野菜を差し入れるようになる。近隣の区長の山口公平、美江子夫妻は、中川らが開いた2012年の冬キャンプの説明会に参加したのがきっかけで、自分達で1枚の要請文を作り、近所に回覧した。「福島っ子のためにできることを」という趣旨である。何回かこの紙を回すうち、手を挙げる人が増えていった。布団が足りないと聞いて「それなら」。「洗濯なら」。田んぼや畑が広がる土地柄でもあり、米や野菜も届くようになった。食事作りや片付けには近くの主婦のほかに、春日井市内のボランティアも駆けつける。誰かが6、7人ずつの「当番表」を作り、中し送りのメモを残すようになった。急用ができた人は、知り合いに代役を頼んだ。美江子は、「福島

1 朝日新聞名古屋地方版2012年1月23日記事（「福島」が運んだ絆）

っ子のおかげで自分達も変わってきた。人とのつながりが密になった」と話す。[2]
また、名古屋周辺のＮＰＯなどが食べ物の支援を名乗り出てきた。他はキャンプ中の移動費用などである。申請しても助成金などは降りず、すべてが寄付でまかなわれている。そのほとんどは個人や団体からであり、大口の寄付は春日井ロータリークラブからの20万円である。[3] また中部大学付属の春日丘高校のインターアクトクラブというボランディア団体が、街頭募金を行ってキャンプの活動資金を集めている。高校が立地する春日井駅周辺で、毎回募金をし、一回20万円ぐらい集まることもある。他には、チャリティーコンサート、チャリティーウォークや復興支援市などで、キャンプのための募金箱を設置し、寄付を集める。

こうした活動を通じて、子ども達にとってどのような存在でありたいかを問うと、中川は、「子ども達が自分達は一人ではないということを思えるようになればいい。だから困った時はいくらでも相談を投げかけてくれればいいし、支える存在になれればいい」と考えている。一番怖いのは孤独感である。「子ども達には未来があるから、結果が10年後20年後に現れてくるから、それに関わって少しでも役にたてればいい」と思う。

「福島っ子キャンプ」をこれまで継続して行えることになったのは、第1に、日程も含めて、子どもが参加しやすい環境作りができていること、第2に、子ども達の親にもキャンプの内容を理解し、安心して子どもを愛知に送りだすことができていること、第3に、愛知に行くだけが目的ではなく、子ども達が生きる希望を見出す体験につながる内容のキャンプを工夫していること、第4に、近隣地域住民や大学などの関係者と信頼関係を構築し、キャンプ活動を支える体制ができていること、第5に、寄付や物品提供などの援助をする個人や団体の活動が伴っていることなどである。

3　福島っ子キャンプの活動内容

前記したように、福島っ子キャンプは、福島原発事故後、放射能の健康影響が危惧される地域に住んでいる子どもを対象に、２０１１年の夏休みから始まり、現在まで14回、春、夏、冬の長期休暇中に行われている。主な目的は福島の子どもの命と健康を守ること、また、キャンプ活動を通して子どもが将来の夢をもてるようにすることにある。原発事故から5年が経つが、いまだに放射能への危惧を払拭できていない。こうした環境にいる子ども達が思いっきり外で遊ぶイベントを企画し、子ども達にさまざまな体験をしてもらう。

「雨プロ」は子どもの受け入れ人数は毎回30～40名ほどで、子ども達はキャンプ期間に春日井市熊

2　上記の新聞記事

3　朝日新聞名古屋地方版２０１２年3月3日記事

野町にある天台宗の寺院、密蔵院で寝泊りする。福島っ子キャンプ期間で行っている主な活動は、福島っ子ファーム、名電高校野球部との交流、愛知の観光地巡りなどである。その中には、中京大学豊田キャンパスで行われる「福島っ子in中京大学」という企画もある。

まず、福島っ子ファームは福島の子ども達が宿泊している密蔵院の近くの畑を借りて、農作業を行なうものである。地元の農家の協力のもと、福島っ子ファームでは、子ども達が土や大地の恵みにふれ、「育てる喜び」、「収穫する楽しみ」、「食に対する感謝」を育むことを意図している。夏、冬、春と休み毎に、大地を耕し、種を蒔き、作物を育て、収穫する。収穫された作物は子ども達が食べ、福島の家族にも送っている。子ども達は、毎日交替で朝早く、福島っ子ファームで畑作業をする。その日に採れた作物は、食事のメニューとなり、食卓にのぼる。こうした活動を通じて、大地の恵みと、地域や農家の人達のありがたさを実感できる体験である。

次に、名電高校野球部との交流は、密蔵院の近くに練習拠点のグラウンドがあるため、２０１２年夏から始まった。福島の子どもが名電高校の練習風景を見学し、その後、名電野球部の選手と交流するイベントである。子ども達が野球部の合宿所でレクリエーションを交え交流が行われる。部屋中、笑い声や歓声が響きわたり、選手のコントや一芸に子ども達も大笑いする。じゃんけんゲームに負ければ腕立て伏せや腹筋などの罰ゲームもある。楽しい一時もあっという間で、スポーツドリンクや名電タオルなどの記念品が福島っ子に渡され、最後は記念撮影とサイン会を行う。

愛知の観光巡りは福島っ子が愛知のさまざまな観光地を歩き回る企画である。主に名古屋駅、栄駅、大須駅などの周辺地域で人が賑わう場所である。ツインタワーの名古屋駅周辺が福島っ子の人気スポットである。福島っ子は名古屋の栄駅までマイクロバスで移動し、そこからは各自、好きな場所を探検する。そのまま栄駅に残ってデパート街やテレビ塔へ登る子、地下鉄を使って大須駅、伏見駅、名古屋駅に向かう子など、さまざまである。名古屋の街全体が福島っ子の遊びのフィールドである。好奇心旺盛な子ども達は探検気分で名古屋の街中を巡った。日頃、自然豊かな環境の中で育っている福島っ子にとって、名古屋の街はとても刺激的な場所であった。

最後に、私のゼミ生が参加した「福島っ子in中京大学」は、子ども達を中京大学豊田キャンパスに招待し、スポーツ施設が多い大学キャンパスで各種のスポーツやレクリエーションを行う企画である。「福島っ子in中京大学」は、これまで2013年のサマーキャンプ以降、定期的に行われており、その企画・運営の中心は中京大学の学生である。大学のスポーツ団体の協力を得て、子ども達が普段はできない体験をする。例えば、世界選手権が行われる規格の陸上トラックを使って、全国大会に出場する大学生選手と福島の子どもがリレー競技をし、ハンマー投げ、走り高跳び、新体操、チアリーディングのパフォーマンスを見学する。キャンパス全体を使って、ゲームを楽しんだりする。日常では経験することができないこうしたイベントは、大学の教職員も有志がサポートに回っている。

4 「福島っ子キャンプ活動」に集う市民と学生の夢見る世界

1 ボランティアの種類

ここでは「福島っ子キャンプ」活動に参加しているボランティアがどのような活動を担っているのかを確認していきたい。ボランティアは大きく三つに分けられる。第1に、サポートスタッフ、第2に、アドバイザースタッフ、第3に、学生スタッフである。この三つのボランティアはそれぞれ、役割に違いがある。

第1に、サポートスタッフは、春日井市熊野町の地域住民、近隣市町村在住の社会人である。その役割は、食事の段取り、調理、洗濯、修繕、運搬、地元との調整などである。サポートスタッフは、裏方の役割を担い、食事を準備する、建物の壊れている部分を修繕する。中川は、「福島っ子キャンプ」での子ども達の「親のような存在」と言う。

第2に、アドバイザースタッフは、専門職の人、社会人、学生スタッフのOB・OGである。役割は、福島の子どもと学生ボランティアの世話、指導、健康管理、看護などである。アドバイザースタッフは、主に子ども達の健康管理をし、無事にキャンプを過ごせるようにすること、また体調が悪くなったときに対応できる医師、看護師などの専門職の人もいる。「福島っ子キャンプ」での「先生的存在」といえる。

第3に、学生ボランティアは、大学（院）生、高校生、中学生などである。役割は福島っ子の世話、指導、看護補助などである。学生スタッフは子ども達と最も長い時間を過ごし、子どもの世話や学習指導を行うなど、キャンプの中心的な活動を担う。子どもとコミュニケーションをとり、過ごしやすくする「福島っ子キャンプ」での「お兄さん、お姉さん的な存在」といえる。

このように「福島っ子キャンプ」では三つの役割に分かれていて、それぞれのボランティアが自分達の役割を遂行することでキャンプが成り立っている。

2 ボランティア活動の内容

ここでは、前に述べた私のゼミ生を含めた学生ボランティアの、準備段階から参加までの経験を述べておく。ボランティアの内容は、放射能汚染で不自由な生活を送っている福島の子ども達の愛知での生活に寄り添うことである。具体的には、一緒に遊び、寝食を共にし、子どもの世話をすることである。学生ボランティアは、福島の子ども達と2週間ほど共に過ごす。スケジュールはさまざまな企画が盛り込まれ、学生スタッフは自分の参加できる日を、学生代表に伝えてシフト制でボランティアに参加する。なかにはキャンプ期間中、ほぼ毎日参加する学生もいる。学生スタッフのほとんどは、中部大学と中京大学の学生であり、事前の打ち合わせや活動を通して、ボランティア同士の関係を深める機会である。

前述の「福島っ子in中京大学」は、中京大学の学生ボランティアが主体となって行っている。ことの始まりは、２０１３年春、中京大学の学生支援室に勤務する福島県出身の山内真二が企画したものである。２０１３年の春、中川が以前からつながりがあった中京大学の前理事長に声をかけ、そこから山内に打診があった。山内は中京大学の部活動の団体とスポーツ選手、そして、大学のゼミ担当者に声をかけ、ボランティアを募った。当初、学生ボランティアの参加者は少なかったが、準備のための会合を重ねるうちに、人数が増えていった。集まったメンバーで、「福島っ子in中京大学」を企画し、参加者同士は、コードネームで呼び合う。週一回のミーティングを行い、交流を深めた。学生が主体となって行う「福島っ子in中京大学」は夏と冬に実施された。密蔵院からバスで大学に到着した子ども達を中京大学の玄関で迎え入れるところから始まる。子ども達を中京大学内へ案内して歓迎会を開き、一日の流れや注意事項を説明する。その後、中京大学チアリーディング部・新体操部の演技を鑑賞し、バスケット部と一緒に汗をかく。

その後、今回のメインイベントであるテレビ番組「逃走中」を模倣としたゲームで、子どもと一緒に校内を走り回る。逃走中というゲームは逃げるプレイヤーと捕まえるハンターがいて、前半はプレイヤー役を子ども達が、ハンター役を学生スタッフがする。後半は立場を逆にして子ども達が学生スタッフを追いかけた。

「逃走中」の途中に、中京大学の教職員の寄付で募った資金で、昼食の弁当を囲んだ。全てのイベントが終わった後に歓迎会をした部屋でお別れ会をして、中京大学を背景に子ども達と集合写真を撮る。

冬の「福島っ子in中京大学」は、子ども達を迎え入れ、歓迎式を行ったのは体育館である。アテネオリンピックのハンマー投げの金メダリスト、室伏広治選手が子ども達に、自分の体験をもとに、これまでの苦労や練習の話をする。子ども達は室伏選手の話に熱心に聞き入っている。話が終わると、一緒に体を動かし、最後は記念撮影である。

また、パラリンピックに出場した日本代表の佐藤圭太選手の話を聞く機会もあった。右足を事故で失って義足でプレーしている佐藤さんの義足を子ども達が直接見て、触れ合う。子ども達から驚きの声も聞こえる。

その後、中京大学の陸上部による走り高飛びやハードル、ハンマー投げのパフォーマンスを観賞し、パフォーマンス後は子ども達も体を動かす障害物競争に参加する。チーム対抗リレーでは子どもも学生スタッフも真剣に陸上競技場のトラックを全力で走り抜けた。「福島っ子in中京大学」の終了時は、名ばかりの「校長」である私が、子ども達一人一人に修了書を手渡し、お別れ会を行う。夏も冬もボランティアに参加する献身的な学生ボランティアの存在がなければ、こうした企画は成立しないだろう。

5　福島っ子を愛知県に送り出す親の心境

1　なぜ福島っ子は何度もキャンプに参加するのか

福島の子どもを愛知県に保養に送り出す親の心境を聞いてみた。その前に、ここでは2013年の春の「福島っ子キャンプ」に参加した子ども達のアンケートを元に福島っ子はなぜ何度もこの「福島っ子キャンプ」に参加するのかを考えていきたい。

最初に、子ども達に今回のキャンプイベントで、最も楽しかったことは何かという質問に対して、子どもの答えは「名古屋城の散策をしたこと」、「浅田真央ちゃんに会うことができたこと」、「トヨタ博物館に行ったこと」、「地下鉄を利用して名古屋観光ができたこと」、「お寺の竹藪で走ったこと」、「温泉、餃子作りをしたこと」、「陶芸を体験したこと」、「農作業の手伝いをしたこと」という。共通するのは、放射能の影響で外に出て遊ぶことが不自由な子どもが、愛知ならではの体験ができたことである。

次に、さまざまな人との交流の中で、最も印象に残っていることは何かという質問に対して、子ども達は、「学生ボランティアに興味深い本をもらったこと」、「お別れ会でスタッフのみんなと夜遅くまで話ができたこと」、「名電野球部やスタッフ達とゲームをしたこと」という。ここで注目したのは「学生ボランティア」と言葉が入っているということだ。ここで分かることは「福島っ子キャンプ」を通じて、子ども達と学生ボランティアと信頼関係ができたことである。

表　「福島っ子キャンプ」に参加した目的

参加理由	人数	割合
子どもの成長・自立	12人	40%
外で（友達と）遊んで欲しい	9人	30%
福島ではできない体験・経験をして欲しい	6人	20%
福島からの避難・放射能の影響からの避難	3人	10%

2　なぜ親は「福島っ子キャンプ」に子どもを送り出すのか

福島の親はなぜ子どもを「福島っ子キャンプ」に送り出すのかを、2013年の春、夏に参加した保護者へのアンケートをもとに考えてみたい。「福島っ子キャンプ」に参加した目的はという質問に対して、回答した保護者30人の理由が上表である。

保護者の答えに一番多かったのは「子どもの成長と自立」という意見であり、全体の4割を占めた。福島からの避難などを目的にして愛知に子どもを送り出している親が最も多いだろうと予想したが、意外な結果である。「福島っ子キャンプ」に参加して、人とのふれあいを大切にし、人間的にも成長して欲しいと願っている。また、親元を離れ、子どもが毎日を過ごす体験は子どもの成長を考えた時、貴重なものであると考えているようだ。「団体行動の中での自立をして欲しい」という言葉もあった。

次に多かったのは「外で（友達と）遊んで欲しい」という意見であり、全体の3割を占めた。放射能の影響で福島では外遊びが不自由である。「太陽の下で思いっきり走り回ってほしい」、「外で自由に遊んで欲しい」という保護者の意見から、愛知で子ども達に思いっきり遊んで、ストレス解消して欲しいと願っていることが推測される。

次に多かったのは「福島ではできない経験・体験をして欲しい」という意見であり、全体の2割を占めた。意外と少なかったのが「福島からの避難・放射能の影響からの避難」という意見である。

以上のように、保護者は放射能からの避難のためだけに愛知に子どもを送り出しているのではなく、子どもに福島ではできない経験・体験をしてもらうこと、外で思いっきり遊んでもらうことによって子どもの成長と自立を促し、ストレス解消、生活面での変化を願っていることが読みとれる。また、子ども達が愛知から帰ってくると、ほとんどが良い方向に成長を遂げ、生活面での向上、身体、精神的にもリフレッシュできており、友達との関わり方も良くなっているという。

6　市民や学生は何を求めて活動するのか

なぜ市民や学生がこうしたボランティアに参加するのかを、実際に「雨にも負けずプロジェクト」の「福島っ子キャンプ」に参加した市民や学生のボランティアに対して、ゼミの学生がアンケート調査を行った。その結果をもとに、市民や学生がボランティアに参加することで何を求めているのかを考えてみたい。

1　学生ボランティア

Ａさん：参加するうちにだんだん慣れて、自分から声かけ、やることを見つけるなど、周りをよく見るようになった。どんどんキャンプが好きになった、やりがいも増えて、できるだけのことをしたいという気持ちが大きくなった。

Ｂさん：回数重ねるごとに、子どもとの信頼関係も強くなっている気がする。キャンプとキャンプの間は数ヶ月しかなくても、子ども達が成長しているのが分かるのは嬉しい。

Ｃさん：２０１３年夏のキャンプでは「福島っ子in中京大学」の1回だけの参加だったが、充実した1日を過ごすことができた。リーダーの大変さも実感した。もっと周りを信頼し、役割分担をすればよかったと思うことが何度かあった。自分の仕事に責任を持ち、多くの新しいことにチャレンジできたことは本当に良い経験ができたと思う。

Ｄさん：子どもの成長を感じることができたのは嬉しかった。これは何回も来ている人にしかわからない特権だ。スタッフ同士はコミュニケーションを取りやすいし、何でも話しやすい。ファミリーのような感じがした。

大学生がボランティアに参加する理由は、まず、子どもの世話をするために、自分達で自主的に行動するという普段経験することがないことに関わることによって、自分が成長する機会となることだ。

その意味で、この活動にやりがいを感じる。また、ボランティアを続ける学生は子どもの成長を見ることができたことと、ボランティア同士のコミュニティができたと感じられることである。大学生ボランティアは何度も一緒に活動をすることにより、仲間に会いたいという理由で参加し続ける学生もいた。

次に、社会人ボランティアの参加動機を聞いてみた。多かった意見を列挙してみると、「ボランティアをする機会があればやりたいと思っていて、雨プロの存在を知った」、「人とのつながりが生まれた」、「人と関わる時間が楽しい」、「福島っ子と学生さん、みんなを見守ることができて幸せ」、「また会えてうれしいと毎回思う」、「一人暮らしなので仲間がたくさんできた」、「子ども達から福島の話を聞くと、手伝いをしたいと思う」、「知り合いが増える機会」、「色々な経験が出来る」。

学生と社会人のボランティアの両方において、参加動機はそう大きく変わらない。さまざまな経験が出来ること、子ども達の成長を見ることができること、知り合いが増えることなど。ただ、社会人ボランティアは、同じ地域に住んでいて、ボランティアに参加することによって地域の人と交流が深まったという理由が多く見られた。福島っ子の支援というテーマで、地域のつながりを深めることができたというのがその理由である。

また、震災が起き、自分達に何かできないかと思っていたところに、身近でこうした支援活動を行なっていることを知り、参加を決めたというのも多い。そして、一度参加したことにより、ボランティアに付加価値を見出し、何回も参加を続けることになった。これらも学生と社会人のボランティアの両方において共通する理由である。

7　群れ方の論理

「雨プロ」は中川の発案で始まった福島の子ども達を愛知に呼び寄せる事業を行う団体である。中川を中心に、学生やさまざまな職能を持った市民達によって立案、運営されている。彼らの活動の中で中心になるのは、参加している当事者達の成長である。子どもを送り出す親達も子ども達の成長を願っていた。またボランティアとして参加している市民達も、自分達のネットワークを密にすることと、子ども達の成長を願って活動に関わっている学生達の成長を見守っていた。

学生達にとってみれば、子どもが好きでやっているという意識が強いだろうが、自分達で計画立案し、実施するまでのプロセスを任されており、その中で学ぶことが多いといえるだろう。

掲げる利害や目標という点で「雨プロ」はＮＰＯに近いが、活動主体と活動エリアの点では地縁型組織に近い。その意味で「雨プロ」はハイブリッドな「地縁型市民団体」となっている。また、伝統的な地縁型組織、大学、他のＮＰＯ、商店や企業、パーソナルネットワークとの連携によって「雨プロ」の活動が成り立っている。

【コラム】

なぜ「雨にも負けずプロジェクト」のキャンプに参加し続けるのか

小倉裕樹、横山恵亮

1 「雨にも負けずプロジェクト」とは

雨にも負けずプロジェクトとは、福島県の伊達市にある掛田小学校の子どもたちを春・夏・冬の長期休みを利用して愛知県へ招待し、放射能への不安がないところで過ごし、リフレッシュさせようというプロジェクトである。これまで、春と冬は10日間、夏は2週間、子どもたち約30名を愛知県春日井市の密蔵院を拠点に受け入れてきた。また、2015年からは、雨にも負けずプロジェクトの代表、中川國弘氏の意向で、福島県全域の子どもたちを対象にキャンプを実施するようになった。このプロジェクトは、地域の人々の募金や学生を含めた幅広い年齢層の方々の協力により成り立っている。

2 キャンプに参加した経緯

私たちは、雨にも負けずプロジェクトの存在を、中京大学現代社会学部の成元哲先生の紹介で知ることになり、中川國弘氏のお誘いで、2015年夏の第9回のサマーキャンプから参加させていただいている。

3　キャンプでのスタッフの役目

学生はキャンプ経験のあるコアメンバーと、初めて参加する新規メンバーとに分かれる。キャンプをスムーズに行うために事前に研修会を数回行い、学生スタッフ間の意思統一をはかるとともに、春日井市や名古屋市周辺の地域の参加者たちで構成されるサポートスタッフとの連携をはかっている。キャンプが始まると、学生スタッフのコアメンバーは、スケジュールを決め、キャンプ中に訪問する施設に事前に挨拶周りを行う。また、ミーティングを行い、新規メンバーに指示を出し、キャンプを陰で支える。新規メンバーは、コアメンバーの手伝いや、子どもたちの世話をする。サポートスタッフは、子どもたちの栄養バランスを考え、料理をつくったり、子どもたちの洗濯物を家に持ち帰り、洗濯をしたりする。

4　体験談

私たちの初めてのキャンプは福島県伊達市の掛田小学校の子どもたちであった。キャンプに参加する子どもたちは、主に小学校低学年から高学年までだが、中にはリピーターの中学生もいる。学生スタッフが新規で参加したときの任務は、子どもたちとコミュニケーションをとることである。小学校低学年に対する接し方と高学年や中学生に対する接し方は違ってくる。共通点として言えることは、私が新規メンバーで参加したときは、子どもたちから敬遠され、相手にされなかったことである。キャンプを9回もやっている子どもたちが相手であるため、既存メンバーとの絆が深い。既存メンバーとは仲良くしているが、新規メンバーは基本的に相手にされない。なんとかコミュニケーションを試みるが、無視されるか、部屋から出るよう促される。ひどい場合は、子どもが叩いたり、悪口を言ったりしてくる。

しかし、何回も子どもたちとコミュニケーションを試みているうちに自然とそういった行為がなくなってきた。今思えば、私たちは子どもたちに器の大きさを試されていたのではないかと思う。「この人たちは、叩いたり、悪口を言ったりしても大丈夫だ、安心だ」などの確認をしていたのではないかと思う。それで、3日も経てば、子どもたちとは仲良くなれる。勉強の面倒をみたり、おんぶや肩車などをして遊び相手をしたりする。そして、天気のいい日は外で遊んだりする。福島では外遊びが制限されているせいか、子どもたちは活き活きとしているようにみえた。様々な行事を通して、私たちはどんどん仲良くなっていった。キャンプの最終日が近づき、お別れ会をするときは子どもたちもスタッフも別れを惜しみ、涙汲む。

次の10回目のキャンプを迎えたときは、子どもたちとは顔見知りなので、初めから一緒に遊んだり、話したりした。しかし、私たちは今回からは新規ではなく、顔馴染みに含まれる。新規メンバーは、前回の私たちと同様に子どもから扱われる。前回の教訓を生かし、新規メンバーの人たちが子どもたちとコミュニケーションを取りやすい環境を作るよう努力する。サポートに徹したキャンプであった。

11回目からは伊達市の子どもだけでなく、福島県全域の子どもをキャンプに招待し、参加人数も増えた。伊達市の子どもは何回もキャンプに参加しているので、キャンプに慣れているが、福島県全域の子どもになると、その多くが愛知へ初めて来たこともあって、緊張した様子になる。子どもたち同士はもとよりスタッフともあまり会話をする事がなく、もともと一緒に来た友達同士で遊んでいる。また、福島県では、外で遊ぶ機会が限られているからか、最初は外で遊ぶ子どもが少ない。しかし、私たちスタッフが積極的に話しかける事により、日を追うごとにキャンプにも慣れ、外で遊ぶ子どもたちも多くなった。子どもは外でサッカーや鬼ごっこなど、日頃することができない外遊びを満喫している様子である。子どもに普段体験させてあげられない事をさせてあげようと、小牧市のプールや愛地球博記念公園へつれて行くと、子どもたちは大変満足げである。楽しかったキャンプも、あっという間に過ぎ、最終日のお別れ会になると、子どもも学生スタッフも泣いてしまうほどである。また次のキャンプがあるので子どもたちが少しでも楽しめるよう頑張っていきたい。

5　２０１５年冬キャンプ

２０１５年12月22日から30日まで冬キャンプに参加した。そこには大学を卒業し社会人になってもいる学生スタッフのＯＢ、ＯＧも多く参加した。そして、私自身キャンプの参加が６回目になった。「雨にも負けずプロジェクト」には新規メンバーが大勢参入するが、キャンプを1度きりでやめてしまう人もいる。キャンプ期間中は、気配りだけでなく肉体的にも疲れるからである。しかし、私も含めて多くのOB、OGが何度も参加するのはなぜだろうと考えてしまう。そこで、自分の体験を踏まえて、「雨にも負けずプロジェクト」のキャンプの魅力について触れてみたい。

最初に挙げられるのは子どもが可愛いということである。私は子どもが好きでキャンプに参加している。キャンプには春・夏・冬と連続で参加する子どもも多い。キャンプ中は大変でつらいときもあるが、そのキャンプが終わると、また子どもたちに会いたいと思ってしまう。私はそこからキャンプにのめりこんでいった。多くのスタッフは私と同様だろうと推測している。

次に挙げられるのは、スタッフ同士、実に仲がいいことだ。同じ釜の飯を食べ、苦楽を共にするうちに強い信頼関係ができた。また、上下関係がなく接しやすい。子どもたちのほかに、友人に会いたいという気持ちが、密蔵院にまた足を運ばせる理由ではないだろうか。

三つ目に挙げられるのはボランティアに対する意気込みである。キャンプ中の行事の時、私たちは事故のないように心がけ、不測の事態にも対応できるようにする。その上で子どもたちを楽しませるように配慮する。キャンプ経験の豊富な人ほど、集中して行動することができる。学生スタッフのOB、OGは、長く関わってきている分、ボランティアに対する思いも強い。

四つ目に挙げられるのは、それぞれの場面においては苦しいときもあるが、全体を通じて振り返ってみると、ボランティアは究極的には楽しいということである。前記三つが満たされると、ボランティアが楽しいと感じられるようになる。私を含めボランティアスタッフのOB、OGはみんな、そう感じているからこそ、何度もキャンプに参加したくなるのではないかと考えられる。

多文化共生から地域づくりへ
——保見地区におけるＮＰＯ活動の経緯と大学の関わりかた

石川真作
渋谷　努

1　はじめに

今後の日本社会で問題とされているのが少子高齢化であり、それによって地方が衰退していくことが懸念されている。それを示したのが、増田寛也による『地方消滅』の出版だろう。そこでは、少子化だけではなく東京のような都市部に人口が集中し、地方都市がこのままでは過疎化し「消滅」していくことが推測されており、それを回避するための政策が提言されている。

その政策の有効性は、ここでは論じることはできないが、地域社会の中で少子高齢化が進むのは、行政単位の地域だけではなく、より小さな単位、例えば住宅団地のような場所でも過疎化が進み始めている。

また、このような少子化対策の一つとして、外国人労働者の受け入れが政策的にも議論されようとしている。しかし、１９９０年の入管難民法改正以降、特に新規に日本に移り住むようになった外国人住民が、地域住民との間で軋轢を生じさせるということが報道され、それへの対応としてＮＰＯによる活動が行われ始めた。

本章で取り上げる愛知県豊田市にある保見団地は、１９９０年代から外国人住民の集住化、そしてリーマンショック以降特に目立ち始めた空き部屋の増加、高齢化の問題に直面している。このような問題の変化に対して、団地内の当事者団体が行動目的をどのように変えていったのかを活動内容の推移から明らかにしていく。さらに、活動に与えた大学の役割について、具体的に紹介しながら、大学がまちづくりと関わる際の問題点と可能性について検討する。

２　保見団地の概要

保見団地は、豊田市旧市域の北西部、中京大学豊田キャンパスに隣接する丘陵地に立地している。当初は新婚世帯など若年核家族を対象として開発され、１９７５年に分譲、入居が開始された。現在は、高齢者世帯の比率が高く、空き部屋が増えるという全国のニュータウンに共通する悩みを抱えている。

１９８８年に愛知環状鉄道の保見駅が開設されるまでは、公共交通機関のアクセスが極めて悪く、陸の孤島とも形容された。現在も保見駅周辺には市街地の形成は見られず、田園地帯と丘陵に挟まれ周辺から遮断された生活になりがちな条件がある。保見団地は、県営賃貸（25棟）、公団賃貸と公団分譲（計42棟）、一戸建て分譲の四つの開発形態から成る。

保見団地への外国人の入居は、1987年から始まったが、1989、90年ごろから急増する。入居率の低下に悩んでいた公団が、89年から法人貸しを開始し、斡旋会社や派遣会社による借り上げが行われるようになり、実質的に企業の社宅化が進んだ一方、1990年の入管難民法改定により、いわゆる日系人の日本での就労が容易になった。結果、こうした会社の労働者募集に応じて来日した外国人の入居が多くなったのである。さらに、長期にわたって滞在しようとする外国人は家賃の安い県営に移る傾向がある。

また、団地内には公立小学校が2校ある。いずれも多くの外国人児童が通っているが、うち1校は、外国人児童の割合が過半数を占めるに至っており、隣接して認定こども園もある。近隣には中学校は1校である。団地内には内科・歯科の診療所、郵便局、スーパーなどのインフラが整備されている。開発当初は地元大手資本のスーパーが開発の要として立地していたが2005年に撤退し、後を受けてブラジル資本のスーパーが進出した。このスーパーが立地する中心部はかつて多くの人出でにぎわっていたというが、人口が減少し高齢化がすすんだ現在は、閑散とした雰囲気になっている。

こうしてみると、団地内で全ての生活インフラを整えたことによって、時代の変化とともに周辺から孤立しやすい環境に変貌してしまったといえる。この状況は、全国のニュータウンに共通し、高齢化に伴い高齢者の孤立が問題となっている。保見団地においては、それに加えて外国人のコミュニティが周辺地域から孤立して存在しているという状況にもなっているのである。さらには、派遣会社によって雇用されたり、技能実習生として就労する外国人が、送迎バスによって団地と雇用先を行き来する雇用形態が、この孤立を助長している。そうした状況下では、外国人の児童たちがコミュニティに埋没してしまい、不就学や学習困難といった教育上の問題にも結びつく。

3　保見地区の現状

保見地区[1]の現状を、国勢調査の集計から見えてきたことを1995年と2012年の状況を比べて明らかにしていく。

まずは、保見地区の人口動向だが17年間で人口を大きく減らしている。1995年に9,610人いたのが、2012年には7,499人となっており、約22%の減となっている。ただその内訳をみると国籍別で大きな差が生じている。保見地区に住む外国人数は、この17年間の内に増加していて1,267人が3,249人と約2・5倍に増えている。それに対して日本人数は大幅に減ってお

1　以下でいう保見地区は保見ケ丘1、3、4、5丁目を合わせたものを指し、団地に限定されることはない。

表1　保見地区年齢別人口

	0 － 14 歳	15 － 64 歳	65 歳 －
保見ヶ丘（人数）	995	5303	1072
（%）	13.30	71.00	14.30
豊田市（%）	15.20	68.20	16.60

り、8、343人が4、250人となり約50％に減少している。

保見地区は、人口が減少しているだけでなく少子高齢化が進んでいる。0－19歳人口を見ると、1995年に3、065人だったのが2012年には1、355人となっており、44％に減少している。

この状況を豊田市全体と比較しまとめたのが上の表である。

この表からわかるように保見地区の少子化の状況は、豊田市全体と比べても、14歳以下人口が豊田市で全体の15・2％であるのに対し、保見ケ丘地区では13・3％となっており14歳以下の割合が少ないことが分かる。

それでは、高齢化はどうなっているだろうか。上記の表からも分かるように、豊田市全体と比べても、65歳以上人口が豊田市全体で16・6％であるのに対し、保見地区では14・3％となっており、特別に高齢化が進んでいないように見える。しかし通時的に見ていくと、1995年の65歳以上人口が356人だったのに対し、2012年には1、072人となり約3倍に増えている。地区として高齢化が進んでいることがわかる。

さらにこの地域の特徴は、高齢者の一人暮らしが増加している点である。すでに論じたように、この地区は人口が17年間で22％減少しているのに対し、世帯数はそれほど減少していない。1995年に保見地区での世帯数が3、150世帯だったのに対し2012年では2,816世帯であり、11%しか減少しておらず人口減少率の半分でしかない。そこで世帯の中を細かく見てみると、一人世帯の数は1995年が515世帯だったのに対し、2012年には540世帯と微増しており、さらに二人世帯の数は1995年の640世帯だったのが、2012年には914世帯となっており、約1・5倍に増えている。このことから、成長した子供たちは成人と共に家を離れて、夫婦のみの世帯が増えていっていることが予想できる。

さらに、高齢者に注目してみると、65歳以上の一人世帯が1995年には42世帯しかなかったのが、2012年には161世帯と約3・8倍、65歳以上の高齢者を含む二人世帯は1995年には74世帯だったのが、2012年には914世帯と約2・8倍の増加を示している。

これらの数値から、保見地区はこれまで言われてきたように、外国籍住民が多い地区であるだけではなく、少子高齢化も進んできている地域であることが指摘できる。さらに、高齢者の一人世帯や二人世帯が増えていることからも、孤独死などの問題にも直面している地域であることが指摘できる。そこで、地域の活性化を考えるためには、外国人の受け入れとともに少子高齢化の問題を組み合わせて考えなければならない。

4 「外国人問題」と多文化共生

保見団地の名前が全国に知られるようになったのは、1999年のいわゆる「保見団地事件」がきっかけであろう。これは、「一部外国人住民と右翼、暴走族関係者との間」で起こった暴力事件とされているが、地元住民が語る真相は、一般に流布されている内容とはいささか異なっている。外国人ギャングと暴走族や右翼関係者の抗争が背景にあるというよりは、ごく偶発的なものであったようである。少なくともこの「事件」が世間に与えているひどく荒れたイメージは現在の保見団地には見られない。

一方で、保見団地にはこの事件の10年も前から一定の外国人住民が生活し、それに伴って様々な「問題」あるいは「現象」があり、その解決への努力があった。そして、それは現在に至るまで続いており、その中で多くの人々の関与と関係の構築があった。そのような状況はひとつの事件で語れるものでもないし、何か決まった「問題」があり続けるというわけでもない。実際に保見団地で「問題」として挙げられるのは、ゴミ出しのマナーやゴミ投棄、騒音、違法駐車や放置車両、集団で行動していることから感じる不安感、自治区加入率の低さといった、生活上のマナーの「問題」が中心で、これらに関しては住民の努力とコミュニケーションによって相当程度の改善が見られる。一方で外国人住民は常に入れ替わるためにこのような問題が消えることはなく、既存住民にとって負担であり続けることも事実である。

現在の保見団地で行われている多文化共生に向けた取り組みは、1997年ごろから徐々に作り上げられてきた枠組みに基づいていると見られる。この年、地域住民と多文化共生に取り組む関係者らによって「保見ケ丘を明るくする会（明るくする会）」が設立され、「4自治区の住環境改善に関する要望書」が提出された。同時に、三つの自治区と（財）豊田市国際交流協会（TIA）が主導して、外国人向けのアンケート調査を行い、その結果は「保見団地の日系人に関する現地報告書」として提出された。これらを受けて、豊田市によって「保見団地住環境問題町内連絡会議」が設置された。さらに2000年には、「多文化共生推進協議会」を設立、2001年には、市の担当部署が国際課から自治振興課に移され、自治体と地域が連携して多文化共生に向けた取り組みが行われる体制が現れた。行政からの具体的な措置として、路上営業する外国人向け飲食店のためのスペースとして、「トラックヤード」を設置、また、放置車両処理（1999年から）、駐車場整備事業（2000年）などが行われた。また県警により、ポルトガル語を話す警官を付近交番に配置、特別警戒班を設置して巡回、戸別訪問を実施、不法滞在者や契約者以外の居住者、不登校児の発見、環境美化や不法投棄の摘発などを行った。

一方、地域においては、住民ボランティアおよびNPO関係者の協力による取り組みが組織化されていった。それを促進したのは、市からの受託でTIAによって行われた「豊田市国際化推進事業」（1999年〜2000年）である。この事業により、1998年から始まった日本語教室を母体として「保見ケ丘国際交流センター」が設立され、2002年にはNPO法人格を取得した。また、2000年には不就学児童支援事業「ほみぐりあ」が開始され、2003年からはNPO法人「トルシーダ」に引き継がれた。また1999年、「子どもの国教育基金の会」が設立され、2000年から放課後学習支援事業「ゆめの木教室」を開始、2001年にNPO法人の認証を受けたのち、NPO法人「子どもの国」となった。これらのNPOが、県や市の事業助成や事業委託を受けて多文化共生の取り組みを担ってきた。これら3団体に共通する特徴は、多文化共生の重要なテーマである外国人の子供たちに対する教育支援への取り組みにおいて一定の評価を得ている点であり、2011年には揃って豊田市の市制60周年記念表彰の対象となった。

5　街づくりへの取り組み

このうち「保見ケ丘国際交流センター」は、活動開始当初から地域住民からのボランティアとして関わったK氏を理事長として、地域との関わりを重視して活動している点に特徴がある。外国人住民向けの日本語教室や外国人児童生徒の学習支援に継続的に取り組みながら、外国人を地域住民として迎えた地域づくりを目標にしているのである。そのため、これらの活動以外にニュースレターの発行などの情報提供事業や生活相談や翻訳、通訳などの生活支援、地域イベントへの参加や交流イベントの企画実行など、地域住民と外国人住民の交流促進のための活動に力を入れてきた。

２００２年に愛知県の「多文化共生モデル事業」として行った「日本語・ポルトガル語ひとくち会話集」の作成と全戸配布の取り組みに、その特徴がよく表れている。「会話集」を作成した目的は、言語習得そのものよりも、ほんの片言であってもお互いの言葉を知ることにあった。あいさつ言葉程度でも知ることによって、隣人同士声を掛け合う関係を生みだし、人間関係を結ぶきっかけにすることが重要視されたのである。

また、「ゴミ団地」などと揶揄され、保見団地の「問題」の象徴であったゴミ捨てのマナーについても、一定の成果をもたらす取り組みを行った。「保見ケ丘国際交流センター」は、２００３年から行われた愛知県の「外国人集住地域ネットワーク」事業に参加し、県内の他の外国人が集住する地域のＮＰＯや自治区役員らと意見交換する機会を持った。その際に、名古屋市の九番団地のごみ集積所が非常に整備され、ゴミ出しのルールに疎い外国人住民が使用するのに適した仕組みになっていることを知り、この方式を保見団地にも取り入れるよう都市基盤整備公団（現ＵＲ）に申し込んだ。この申し入れは、多額の予算が必要なこのような事業にしては異例の速さで実現し、以降多くの団地にこの方式が広がったという。この取り組みは、外国人を地域住民として受け入れることを前提とした居住環境の整備を、ＮＰＯと自治区役員、さらに他の地域の住民や公団などが協力して進めた成功事例として、関係者の記憶に残るものとなっている。

さらに、ゴミ問題に取り組んだ自治区役員の有志によって、２００７年に「保見ケ丘パトロール隊」が結成された。もともとこの名前で自治区役員によるパトロールは行われていたのだが、この時の自治区役員であり保見ケ丘国際交流センターの理事であるA氏が中心となって、ボランティアによる青色灯を装着した車両による防犯パトロール隊として、愛知県警から免許の交付を受けたのである。この活動の甲斐もあってか、かつての「保見団地事件」のイメージにより治安が悪い地域と見られがちな保見地区の犯罪発生率は、市内の平均と比較しても良好であるという。これらの活動を通して、報道などで作り上げられた負の地域イメージを改善し、地域の活性化を図りたいという思いが関係者の間にある。

6　保見ケ丘ブラジル人協会の設立

「保見ケ丘パトロール隊」には、日系ブラジル人であるM氏も参加していた。そのため、しばしば活動がマスコミに取り上げられ、地域イメージの向上に一定の効果もあったとA氏らは考えている。県警から本部長表彰を受けたのもその効果の一環であるともいう。

このM氏が中心となり、２００９年の初頭に「保見ケ丘ブラジル人協会」が設立された。直接の動機となったのは２００８年のリーマンショックであった。派遣契約が主たる雇用形態の外国人は解雇されるケースが多く、彼らの助けになればという思いが協会を作る動機となったという。しかし、Ｍ氏が協会設立を思い立った動機はそれだけではない。

Ｍ氏は、１９９０年に来日し、当初は大阪府八尾市に住んだ。保見に移ったのは２００７年である。保見には姉が住んでおり、幼稚園に入園する時期だった孫がポルトガル語を忘れないためや家族が一緒に住めるなどの条件を考えて、ブラジル人が集住する保見に引っ越すことを決断した。しかし、Ｍ氏自身は保見には以前から訪れていたためあまり気にしなかったが、ブラジル人の間でも保見のイメージはあまりよくなかったという。実際に引っ越してみると、大阪で周囲の日本人から日本語を学び、子供たちを公立学校に通わせたＭ氏から見た保見の状況は、特殊なものに感じられたという。外国人が集住する居住地域と職場を送迎車で往復する生活は日本語を必要としないため、長期間住んでいるのに日本語を話せない人が多い。日本人とはほとんど付き合わず、ブラジル人同士でも付き合いが少ない。両親は全く日本語がわからない一方で、子供は日本語で育ち、親子のコミュニケーションが難しいケースも見られるという。こうした状況に驚いている中でリーマンショックが訪れたのである。

Ｍ氏らは、解雇されたブラジル人が就職するためには日本語を学ぶ必要があると考えた。さらに、言葉や文化、お互いのことを知ることが必要であるという考えからブラジル人協会を作って、困っている人を助けようと考えたのだという。しかし、どのようにすればいいかわからず市役所に相談したところ、保見ケ丘に四つの自治区があることを教えられ、自治区の役員と話し合うことになった。そこで、ブラジル人と自治区や日本人住民が交流する窓口となることでサポートを得ることになったという。

実はこの際、一部から反対もあったらしい。１９９０年代初頭に一度ブラジル人による協会ができたがわずかの期間で消滅したことが指摘され、危惧の念が示されたという。実際のところ、外国人住民の入れ替わりが激しい保見では、外国人住民が参加する様々な活動を継続すること自体に非常な困難が伴う。活動に関心を持ってもらうこと自体が難しいうえに、熱心に活動していたコア・メンバーが突然いなくなるといったことが日常的だからである。そういった点で、この時に自治会の一部のメンバーが感じた危惧は保見のそれまでの実態を反映している。保見ケ丘ブラジル人協会は、日本語教室、サンバ・グループといった文化交流活動を中心にこれまで安定した活動を行ってきている。とはいえ、参加者は固定せず、常に困難な状況を抱えている点は、自治区や保見で活動する他の団体と共通している。

保見ケ丘ブラジル人協会が行っている大きなイベントとして「国際フェスタ」がある。保見ケ丘国際交流センターと共催で行っているこのイベントは、後述の「ほみにおいでん」と連続する形で行われている。世界各地の音楽や舞踊、パフォーマンスが披露され、ブラジルのシュラスコはじめ様々な国の料理を提供する屋台が出される保見ならではのイベントとなっている。このイベントに限らず、地域のお祭りなどにブラジル人による模擬店が出されることが定着してきたことも、同協会の取り組みの成果と言えるだろう。また、国際フェスタでは消防署や警察署からも職員が派遣され、防災や防犯の呼びかけや地震体験なども行われる。行政が、協会の活動に、外国人住民との仲介としての機能を期待していることが、垣間見える。

7 「ほみにおいでん」による地域活性化への取り組み

２０１１年より、６月ごろに「ほみにおいでん」と題したイベントが行われている。これは、豊田市の中心部で毎年７月末に行われる「おいでんまつり」の一環として開催されている。「おいでんまつり」は市内から公募された「踊り連」が踊りを競い合う形式で行われており、その予選という位置づけの「マイタウンおいでん」が、２００７年から市内の各地域で行われるようになった。「マイタウンおいでん」は、市の実行委員会による公募が毎年あり、一定の条件を満たした実施団体によって開催されるものである。保見ではK氏、A氏、M氏を含む住民有志が「ほみにおいでん実行委員会」を組織しており、国際交流センターが共催するという形をとっている。

「ほみにおいでん」は２０１３年からは団地に隣接する保見グラウンドで行われているが、11年、12年には団地の中心部を横断する道路を封鎖して開催された。そこには地域イメージの改善に向けた明確な意図があった。その経緯は以下のとおりである。

この道路には、一段高くなった場所にブラジル系資本のスーパーと団地の中心部となる広場が面しているが、その向かい側の駐車スペースに2010年まで「トラックヤード」と呼ばれる一角があった。まだ向かいのスーパーが県内の大手資本の経営だった1990年代の終わりごろ、この道路でブラジル人向けの移動販売のトラックが路上販売を行っていたが、違法駐車も多くなり通行の妨げになるということで、この駐車スペースを使用することになった。それが通称「トラックヤード」と呼ばれたのである。ところがいつしかここに、テントやプレハブの仮設店舗が建ち始め、アルコールを提供する歓楽街のようになった。地元住民は、外国人向けの商店がなく、その代替としてここが繁盛することについては静観していた。しかし、2000年代の後半には、週末には全国各地のナンバーをつけた車が違法駐車し、飲酒運転や騒音、臭いなどの苦情が相次ぐようになった。ドラッグの噂までたち、団地の外国人住民も「怖い」と言って近寄らないような状態になり、かつての悪いイメージが再現されるような状況になってしまったのである。こうした状況を受けて、地域住民の要望により、「トラックヤード」は廃止になった。

ちょうど廃止に向けた流れが動いているときに、「マイタウンおいでん」を保見で開催する案がブラジル人協会に持ち込まれたという。これを受けて、A氏やM氏らの発案で、「トラックヤード」がなくなったタイミングで、この道路上で「おいでん」を開催することになったのである。「マイタウンおいでん」を路上で行っている例は他にないため、警察からは相当強い難色が示されたようだが、このタイミングでこの場所で行うことで「悪い」イメージの払拭につながるという信念により、「1

回だけ」という約束でこの路上での開催にこぎつけたのだという。実際には翌12年も同じ場所で行ったが、暑さなどを考慮して13年以降グラウンドに場所を移した。

路上開催に関するエピソードからわかるように、保見ケ丘国際交流センターの活動がもともと備えていた特徴である「地域づくり」の側面が、保見ケ丘ブラジル人協会との協働により外国人集住地区としての街づくりという方向に動き出すきっかけになったのが「ほみにおいでん」であったともいえる。実行委員会には、他の地域住民も含まれており、開催には自治区区長の承認も必要である。開催当日には、地域選出の市会議員や県会議員、年によっては市長や選挙区選出の国会議員があいさつに訪れることもある。外国人住民による模擬店の出店もあり、M氏の力添えによりサンバ・チームが会場を盛り上げるのが恒例になっている。外国人、日本人双方の住民の力によって地域全体で動かす祭りとして、また、外部からの関心を引き付けることによって、地域イメージを好転させて活性化に結び付ける機会として、地域住民が「おいでんまつり」に期待する気持ちが垣間見える。

8　中京大学との連携

中京大学と保見ケ丘国際交流センターを中心とする地域との連携は、このようなタイミングで始まった。もともと保見ケ丘国際交流センターの日本語教室では、愛知県立大学が副専攻として開設している日本語教員課程の科目である「日本語教育実習」の受講生がボランティアとして参加する形で連携が行われてきた。この枠組みは特に日本語教室の運営のうえでは非常に有効に機能してきた。一定程度の日本語教育の訓練を受けた学生が毎年相当な人数で参加するため、ローテーションを組んでも毎週潤沢なボランティアを確保することができた。保見ケ丘国際交流センターが行う他のイベントなどにも任意ながらかなりの参加者があった。

しかし一方で、団地に隣接する中京大学との連携を持ちたいという気持ちは関係者に漠然と共有されていた。特に外国人支援としての日本語教室だけでなく、地域づくりに活動の要点を拡大していくに当たっては、地域の一部としての大学が協力することは大きな意味があると考えられた。そこで、ボランティアとして関わっていた石川が、国際教養学部に旧知の渋谷が赴任してきたことを受けて何らかの連携が出来ないか相談してみたところから連携への模索が始まったのである。

２０１３年から、渋谷が豊田、八事双方で担当しているゼミ、及びその修了生や友人の学生を中心に、保見ケ丘国際交流センターの関係する各種イベントへの参加を進めてきている。そうした試みを続ける中で、一部の学生と「ほみにおいでん」実行委員会のメンバーを中心とした地域住民との間に、非常に良好な人間関係が構築された。それによって、イベントの際に必ず模擬店を出店するコア・メンバーが形成され、そのメンバーを中心に様々な活動に関わるようになってきている。

9 連携して行っている活動

中京大学の渋谷とその学生と「ほみにおいでん」実行委員会と地域住民との関わり合いは、2013年の「ほみにおいでん」からだった。この時渋谷は実行委員会のメンバーとして関わり、準備から手伝った。さらに、保見団地での活動には豊田キャンパス[2]の学生が関わった方がいいと考えた渋谷は、豊田キャンパスでゼミを持っている教員と相談し、そのゼミ生に「ほみにおいでん」の実施に加わってもらった。

準備のための実行委員会の会議にも渋谷と学生の代表が参加し、情報の共有を行った。ただ、当日は学生たちは駐車場の準備や管理といった下働きになってしまった。おいでんのコンテストの審査を行うなど、「日の目を見る」活動もしたが、いわば、「労働力」として使われてしまった。

その後、9月に実行委員会による慰労会のBBQが行われた。招待された渋谷は手伝ってくれた学生にも声をかけたが、日程が合わず参加者はいなかった。そこで、名古屋キャンパスで渋谷が担当していたゼミの学生たちとその友人たちに声をかけ、BBQに参加した。BBQという場で学生たちと

---

2 中京大学には名古屋キャンパスと豊田キャンパスがあり、豊田キャンパスは保見団地で隣接している。

米米クラブ

実行委員会のメンバーたちはうちとけ始めた。

ＢＢＱが終わる頃に、Ａ氏やＫ氏から、これから脱穀と籾摺りの作業をするが手伝ってもらえないかという話があった。Ａ氏を中心に、近隣の休耕地を借りて地域活性化事業として行われているもち米作りサークル「米米クラブ」では、数日後に行う予定だったのが天気予報により早めに行った方がいいという判断だった。学生たちはその依頼に対し、今までしたこともないことだし、やってみたいということで、手伝うこととなった。

「米米クラブ」では、今となっては珍しい稲の天日干しをしているため、笹掛けから稲を下ろし、それを脱穀するためのトラクターまで運ぶ必要がある。さらに、脱穀が終わったものは籾摺りをする必要があるが、それには殻の破片が飛び交い、肌を刺激し、赤く痛痒くなる。身体的にも負担のある労働であったが、それを見ていたA氏から、脱穀、籾摺りをしたもち米を使って何かしないかという提案があった。この提案から、保見団地と渋谷及び学生の関係が本格化した。渋谷が担当していたゼミの中で、もち米を使った企画として餅つき大会とバルーンアートの教室を一緒に行った。日本語教室に通っている生徒を中心にその父兄などが集まった。

２０１４年度には、前年「ほみにおいでん」に関わった学生さらにその友人たちが授業や単位とは関係なく保見地区での活動に続けて関わるようになった。そこには、教員である渋谷からの強制はなく、自発的なものだった。春には「米米クラブ」での田植えと稲刈り、脱穀、籾摺りの活動に参加した。さらに「ほみにおいでん」の関わり方としては、当日のスタッフとしてだけではなく出店することとなった。実行委員会の方では、特に駐車場はおいでん会場と離れているため、そこでの仕事についた者は、祭りに参加している意識が持てないという反省もあり、警備用のスタッフを雇用することとなった。

「ほみにおいでん」に出店

実行委員の間での仕事の負担が減ったこともあり、また隣接する大学である中京大学が出店することが、「おいでん」のイメージをよくすると考えたこともある。そこで、前年度関わっている学生たちは出店する内容を検討し、結果的に「中京焼きそば」を売ることとし、自分たちを「中京焼きそば部」と呼び始めた。「焼きそば部」は「部」と言っているが公的な部活動では当然なく、また渋谷の授業とも関係なく単位とも関わらない。学生たちの意志のみによって営まれている活動である。「焼きそば部」は「ほみにおいでん」の際だけではなく、団地内の自治区のお祭りなどにも出店が依頼されるようになっており、これらのイベントの際の定番として定着してきている。「焼きそば部」では、その収益を次の活動に使うという好循環が生じており、地域住民との良好な人間関係とともに活動の継続の重要な要件となっている。

２０１４年度には、もう一つ渋谷ゼミと保見団地との関わりで別の展開があった。「友活プロジェクト」という発想である。これは、保見団地だけでなく大学を含む周辺地域を含めた広い範囲で「保見」を視野にいれて、地域住民の出会いの場を作っていこうという「プロジェクト」である。自治区といった行政主導の組織や、外国人と日本人といった枠組みを超えて、広く住民同士の個人間ネットワークを構築し、地域の活性化につなげていきたいという考え方が背景にある。具体的には、保見交流館を利用したイベントを継続的に行い、趣味の活動などの発表の場を提供し、同好の人たち同士の人間関係の構築を促進し、世代や性別、国籍を超えた交流の場を作っていこうという試みである。その際に、地域の文化資源の活用も視野に入れる。保見地区は旧名を伊保《いぼ》といい、弥生時代から古墳時代にかけて大規模な集落があったと推測され、７世紀建立の射穂神社や白鳳《はくほう》期の古瓦が出土する遺跡などもある。農業も盛んであり、現在は外国人住民が多く住むなど、様々な文化的資源が眠っている場所であるという認識を持ち、これらの資源を生かしつつ、住民相互のネットワークを構築することで、住民の地域への愛着の醸成を目指す。さらには、ここに大学が加わることで、「保見学」といえるような地域での学びあいの場の構築を目指したいと考えている。

実際的な活動としては、２０１４年度に渋谷が豊田キャンパスで開講していたゼミの生徒によって企画運営されたが、「友活プロジェクト」では、人々の交流を目的としているため、まずは人に集まってもらう必要があった。人を集める企画として、うどん作りをグループで行い、それによって交流を深めてもらい、団地内でのネットワークを広げてほしいという企画のもとで、「焼きそば部」のメンバーの協力もあり、行われた。地域の交流館を借りて行う予定だったが、急遽選挙が行われることになり、投票所となるため使用できなくなるというアクシデントがあったり、広報不足という面もあり、人はそれほど集まらなかった。

もうひとつ現在進行しているのが、「保見地区活性化プラン」である。冒頭で紹介したように、人口の減少と高齢化によりいわば「限界コミュニティ」化しつつある保見の現状を見ると、外国人住民を巻き込んだ活性化が不可欠と考えられる。「友活プロジェクト」などもそのための方策として行うものであるが、なかなか外国人住民と連携した活動を構築するのは難しい。そこでまずは、保見団地全体を対象としたアンケートを行い、なかなか見えてこない実情を把握するとともに、外国人を含めた住民のニーズを把握して、活性化プランの策定に役立てようと考えている。その背景には、保見団地の状況が複雑かつ流動的で、行政の統計などだけでは到底捉えられないこと、実際に住んでいる外国人住民の意識がどのようなものなのか、ほとんど捉えられていないことなどがある。このアンケートの実施に当たっては、4自治区および名古屋大学社会学研究室の丹辺研究室と連携して行う。さらにその成果を受けて活動を具体化していくためのアンテナ・プロジェクトとして、週末カフェの開設を計画している。もともと保見ケ丘国際交流センターの活動として、団地中心部広場の活性化を目指した「1日カフェ」の試みが行われていたが、これを常態化し、かつ広く地域に開放したものにしたいと考えている。

具体的な交流の場を作るために、大学だけではなく、保見ケ丘国際交流センター、ブラジル人の自助団体である「保見ブラジル人協会」と連携して保見カフェを２０１５年10月に実施した。これまでは、団地内にある集会所でイベントを行うことが多かったために、集客が見込めなかったという反省から、オープンスペースで１日カフェを行うこととなった。人の足を止めてもらうために、ブラジルの料理や日本のお惣菜、さらに「中京焼きそば」の屋台を出した。さらに、フリーマーケットも行い、出店者が４店出た。当日の天候に恵まれたこともあり、11時に開始したが、午前中で屋台の食べ物が売り切れるところも出てきて、人が憩う空間を作り出すことができた。

10　まとめ

中京大学と保見地区との連携はまだ始まったばかりであり、非常に不安定な状態である。一方で、愛知県立大学と保見ケ丘国際交流センターの連携は、長期継続して一定の効果を発揮してきた。その重要な要因はその連携が日本語教室に特化したものであり、参加するボランティア学生にとっては実習の授業の一環として行われているものであり、参加することに大きなメリットがあることが挙げられる。それは、一定の質の日本語教育経験が保証されるという、参加する学習者にとってのメリットにもなる。その点で非常にうまく作用してきた。別の角度から見れば、「保見団地事件」などが原因となって、多文化共生への取り組みに尻込みしがちな地域住民にかわって、外部からのボランティアがこの分野を担ったという保見のこれまでの状況を象徴しているともいえる。そして、最近日本語教室のニーズが目に見えて落ちてきていること、県内の外国人居住の広がりと学生への配慮から、愛知県立大学が実習地域を拡大したことなどでこの枠組みも転機を迎えている。

また、保見団地での活動を見ていくと、今はまだ明確な成果が上がってはいないが、大学と活動を連携して進めていくことによって、地域住民が、今までとは異なる視点から自分たちの現状を見直すきっかけにもなっており、またこれまでにはない、交流の場を作る活動や自分たちの「地元」を見直すといった方向性を持つ活動が起き始めている。

中京大学への期待は、地域づくり活動への参画であり、愛知県立大学のこれまでの試みとは違った関わり方が求められるといえる。しかし、その枠組み作りは難しいものがある。現在見えている課題は、参加する学生の継続的なリクルートである。奇しくも外国人住民がそうであるように、学生も常に流動するため、現在のコア・メンバーが卒業しても活動が維持できる枠組み作りが必要である。裏返せば、流動的な要素を多く抱え、多文化化と高齢化という、日本社会が今後経験するであろう現象が既に現れている保見のような地域において、どのような地域づくりが可能か、貴重な知見が得られる場でもあるといえる。

参考文献

石川真作　２００７「「共生」のかたち：外国人集住ニュータウンの諸相」『人間学研究』8

米勢治子　２００７「外国人集住地域におけるネットワーク形成――あるＮＰＯの活動を事例として」村井忠政（編著）『トランスナショナル・アイデンティティと多文化共生：グローバル時代の日系人』、明石書店

京都文教大学人間学研究所共同研究プロジェクト「リバイビング・ニュータウン：住民主体のコミュニティ再活性化にむけた研究」　２０１２「２０１１年度第１回研究会報告「心のバリアフリーからはじまる『まちづくり』：愛知県の２つのニュータウンにおける実践報告」」『人間学研究』12

丹辺信彦他編　２０１４『豊田とトヨタ』、東信堂

増田寛也　２０１４『地方消滅』、中央公論新社

【コラム】
NPOから大学に期待すること

以下の文章は、2015年11月に保見団地内第2集会所で行った保見ケ丘国際センター代表の楓原和子氏と行ったインタビューをまとめたものである。

大学に地域の活動を手伝ってもらうとしたら、中京大に関わってもらうのがいいですね。それは地理的にも近いですし、また知らない人に関わってもらってもしょうがないから。今までの地域の経緯を知っている方、大学に関わってもらいたいです。

大学とは制度としては、長く関わってもらいたいが、来てくれる学生のボランティアは、私にとっては「孫」みたいな存在です。だから「来てよし行ってよし」。それ以上のことを求めようとは思いません。

ボランティアには、どうしても限界があると思います。ある地域の支援を本気でやるなら、そこに住まなくてはできない。だから、私はボランティアにはそこまでのことは求めません。ボランティアがここに何を求めてくるかは、一人一人違っていていいと思います。ボランティアにくる人の中には、自分からお茶を汲んだり掃除をする人がいるし、そういうのをしない人もいる。

私は、そういうことをしなくても気にならないんです。仲間同士で何か問題が生じるかもしれないけど、受け入れる側の私としてはそこのところは気にはならない。何かをボランティアの現場で学んでもらえればいいし、自分でできる範囲のことをするのがボランティアじゃないですか。

大学に求めることですか、学生の方に対しては、しがらみがない若い世代には起爆剤になってほしいです。そこに長く住んでいる者では、しがらみがあったり、はじめからそれはできないとブレーキを踏んでしまいがち。それに対して若い学生たちは、発想にブレーキがなく、私たちでは思いつかないアイディアを出してくれます。実際にやっていく時には障害は出てくるかもしれませんけれど、それで足を止めないで進んでいけるのが若い学生たち。どうしても、私たちではやる前からあれはできない、あれは難しいといったブレーキをかけてしまう。「おいでん祭り」の時の浴衣の着付けなんかもそうでした。浴衣は枚数揃えるのも大変だろうし、着たい人がいるだろうかと思ってしまう。でも、やってみると、私たちが思っていた以上に浴衣を着たいという子供たちがいました。終わる時間になって着れないとわかったら泣き出した子がいたというじゃないですか。やってみなければ、わからないですよね。

今まで、地域のイベントにはうちのボランティアの人たちが、手伝ってきました。その時には何も感じていなかった自治区の人たちが、今になってボランティアをしてくれる人は何人いるかを聞くようになったんです。それは、役員のみんなが年を取ってしまったので、実際に働く人が必要になったからです。夏祭りなどのイベントを行うのが、身体的にとても大変になってしまったので、やめた方がいいんじゃないかという意見が出たくらいなんです。

こういう地区の役員をやれるのは、現役で働いている人は難しいですよね。当日だけなら現役の人はできるかもしれないけど、準備期間を参加するのは難しい。そうすると退職した人が役員になるしかない。だけど、年をとって体を動かすのが段々大変になってきます。

今では、団地の中に住む中・高校生も、地区の活動に参加しなくなっています。塾や学校の行事などと地域の行事がぶつかることがあるので。

ですから、団地の中にある空き部屋に大学生が住んでもらえるような取り組みができればいいと思います。いろんな年代の人がいて、いろんな状況の人がいて地域だと思うんです。こんな高齢化した時代で、年寄りしかいない地域っていうのはいびつですね。地理的にも中京大学が一番近くて、歩いても大学に通える。そうすると大学と地域との関係が密接になります。

一年間の行事ごとをするためにも若い人がいないといけないんです。だから地域としても、地域活動の担い手として大学生がいてほしいです。それが単位なんかを課して義務にした方がいいかどうかはわかりませんが、とっかかりとしてはそれがいいんじゃないでしょうか。

それから大学は知識人なのだから、行政に対して、URに対して、地域の人たちとともに意見を言っていって欲しいです。自分たちがやっていること、やろうとしていることに関しての専門的で客観的な評価やアドバイスがもらえるとありがたいです。市に対しても、URに対しても、私たちの考えを正しく理解してもらうためにも、先生方からの意見が必要だと思います。

高齢化が進んでいくと買い物に困る人が出てくると思います。家庭への弁当の宅配や移動販売がこれから必要になってくるでしょう。このような高齢者福祉に関わるような事業が必要になってきます。このような事業を団地の中でできるようになるといいですね。若い人が年をとった人の面倒を見て、自分が年をとったら、今度は見てもらう側になれるような。そんな元気な人が順繰りに世話しあうような仕組みができないとこれから乗り切れないと思います。この団地だと日本人だけでなく、ブラジルから来た人たちも高齢化していくのでその人たちも巻き込んで行えるようになりたいですね。それを続けていくために必要なノウ・ハウがあるといいですね。

多文化共生というと、外国人住民と日本人住民との間にどれだけ交流があるのでしょうか。単に夏祭りに参加するだけでは交流にはならないだろうし、ブラジルの料理など文化に触れたからといって、それが交流になるとは思えないです。もっと日常生活の中での繋がりが重要になると思います。

日本語教室に来ているブラジルの人はほとんど日本語ができないでいる。職場でも通訳がいるため日本語に触れる機会がない。そのせいもあってか、日本人に知り合いがほとんどいない。職場にも団地内にも。それでは、交流の機会が生まれない。

団地だと外国人に書記や会長を任せられるのかどうかが一つの問題になると思います。お金の問題が関わると難しい時がある。日本人とブラジル人との間で文化的な違いがあるけど、お互いがお互いの文化を認め合いながら対策を立てないと問題が生じます。信用できないからではなく考え方が違うから、そのことを前提にしてお互いの行動に関するルールを取り決めておかなくてはならない。そうしないと共生はできない。お互いの文化をわかっていないと、相手をけなすことになる。いい、悪いに関しても違いがあることを理解し、どうしても認められないことについては、前もって知識を持って注意をしていかなくてはならないんです。言えばわかるので、ルールを作りそれを共有していく必要がある。細かい日常生活のルールを決め、こんなことがあったから、こうしよう、出て行けではなくこういうルールを作りましょうと考えなければいけない。そうしていくと日本側のルール自体がより良いものになるかもしれないですね。

大学との関係で言えば個人と個人とのつながりだけだと、関係は、その人がいなくなってしまうと終わってしまう。そのためにも制度を作って、人がいなくなっても関係が続くようにしないといけないいんじゃないでしょうか。中京大とのかかわり合いでも、大学が制度として作ってしまえば、すぐには無くならないので、そういう形で大学が地域に関わってくれるといいですね。大学側だけの負担ではなく、自治区やURも市も少しずつ負担しあって、協力しあって制度を作っていければいいです。短期間では結果が出ないので、10年、20年くらいの期間で大学と地域との関係が継続できるような形にしていきたい。

それができれば学生を地域の人とともに育てていくことができる。保見団地の中に、中京大学があるような形になればいい。団地の中を学生たちが歩き回って、団地の周辺地域にも出て行って、その地域のことを調べてみたりして。

例えば、団地の住民、UR、それに市と大学が、知恵を出し合って団地の敷地内の通路や階段、公園を使って、トレーニングコースを作ってくれたらいいんじゃないでしょうか。外周を歩いている人が参加するようになるかもしれない。団地の人たち向けに作る。外周を走るだけでは物足りない人が、トレーニングメニューを作ってみたらいい。高齢者やブラジルの若い人達も参加してくれるかもしれない。

その手始めとして、例えば豊田市多文化共生推進協議会に大学からもどなたか出席してもらうのはいかがでしょうか。この会はURやブラジル人学校の人、病院の人など多様な人からなっています。その中で保見団地に関する部会をやって、そこには近くの大学として中京大学からも入ってもらえるといいです。

おわりに

本書では、大学が果たせるNPO／NGOと行政、地域社会をつなぐハブとしての役割について事例をもとに論じてきた。その際には大学を「一枚岩」と考えるのではなく、カリキュラムや協定などによって制度化したものから、授業での取り組み、そして学生による自発的な活動に至るまでの例を取り上げた。そこから見えてきた大学と地域社会との連携が持続可能なものとなるために必要なポイントを考えていきたい。

本書では、大学内の主体となるアクターの違いによって地域社会に関わる上でのメリットとデメリットを明らかにした。桑原論文が論じたケースでは、市と大学が包括的な協力関係を持ったことによって、学生による活動に対して様々な利便性が与えられていた。しかし、その一方では、金論文が指摘しているように、授業の一部を企業と連携する場合には教育内容が適切なものであるのか、過度に商業主義にならないための両者間での情報交換と相互の緊密なやりとりの必要が指摘されている。スタディツアーのようにカリキュラムを企業やNPOなどと連携して開発していくにあたって、一方的に「外注」するのではなく、お互いの密な情報交換に基づく協働による開発の必要性が論じられている。このような大学と地域社会との制度的な連携が必要であるが、羅論文が示したように大学と地域社会の連携を担当する部署を持つことが重要だろう。

また、地域社会との関わりをカリキュラムの中に入れ、授業の一環として行う場合、ある程度の学生の数を見込むことができ、大学側から地域社会に連携活動を行う際には、利点があることが桑原論文、渋谷論文でも指摘されている。実践の場面では学生が持つ能力の不十分さを自覚しながらもそれを乗り越えることで教育的機能があることも分かった。楓原氏がコラムで指摘しているように、学生たちのしがらみのない発想力は閉塞しがちな地域社会にとっての大きな起爆剤になる可能性がある。

しかし、一方で授業・活動に積極的に関わるものとか変わらないものとの間で不公平感をもたらす「フリーライダー」の問題が生じかねない。

学生たちが自主的に稼動する際には、渋谷論文や成論文で論じているように、活動に関わっているボランティアスタッフなど周りの人たちからの影響や支援によるが、学生たちへの教育的効果は大きいものがある。その一方で石川・渋谷論文が指摘しているように、活動する学生を集めることの困難さや学年を超えた継続性という問題がある。学生は毎年のように卒業生が生じるため、活動内容や組織運営を下の学年に継承させていく継続性が難しくなっている。これらの問題に関しては、活動内容の魅力によって人を集めその継続性をもたせているのが現状である。

本書によって明らかになったのは、地域社会と大学が連携するにあたってボランティアセンターのような「箱物」を作ったとしても、大学と地域社会との連携がうまくいくとは限らず、その後のアクター間のコーディネーションの役割が重要になる。地域社会のアクターのニーズを拾い上げながら、学生たちの新しいアイディアを組み上げ発展させる。そして、専門的な見地からのアドバイスを、これからの大学、そしてその組織の一委員である大学教員・研究員には求められるのだろう。

本書を出版するにあたっては、中京大学社会科学研究所からの出版助成を受けた。ここに感謝を表したい。

最後に、コラムを書いてくださった皆様に感謝をささげたい。読んでいただいた方は感じられると思いますが、当事者の思いを的確に表現してあり、研究者とは異なる視点で語ってくれました。

執筆者を代表して　渋谷　努

２０１６年2月

著者紹介

渋谷 努（しぶや つとむ）

中京大学国際教養学部・教授
『民際力の可能性』（編著）（国際書院、2013）『周縁から照射するＥＵ社会』（共著）（世界思想社、2012）『国境を越える名誉と家族―フランス在住モロッコ移民をめぐる「多現場」民族誌』（東北大学出版会、2005）

羅 一慶（ら いるきょん）

中京大学総合政策学部・教授
『日本の市民社会における NPO と市民参加』（慶應義塾大学出版会、2008 年 ）、『Government and Participation in Japanese and Korean Civil Society』（共著）（木鐸社、2010 年）、『民際力の可能性』（共著）（国際書院、2013）、『ソーシャルビジネスの政策と実践：韓国における社会的企業の挑戦』（法律文化社、2015 年）

金 敬黙（キム・ギョンムク）

中京大学国際教養学部・教授
『越境する NGO ネットワーク』（単著）（明石書店、2008）『NGO の源流をたずねて』（編著）（めこん、2011）『私、北朝鮮から来ました ハナのストーリー』（編著）（アジアプレス・インターナショナル出版部、2016）

桑原英明（くわはら ひであき）

中京大学総合政策学部・教授
『日本の政治と行政　改訂版』（編著）（芦書房、2015）『アーカイブズ学要論』（共著）（中京大学社会科学研究所叢書 33、2014）『公共政策の歴史と理論』（編著）（ミネルヴァ書房、2013）

成 元哲（そん うぉんちょる）

中京大学現代社会学部・教授
『終わらない被災の時間』（編著）（石風社、2015）、『市民学の挑戦』（編著）（梓出版社、2008）、『社会運動の社会学』（編著）（有斐閣、2004）

石川真作（いしかわ しんさく）

東北学院大学経済学部・准教授
『ドイツ在住トルコ系移民の文化と地域社会』（立教大学出版会、2012）『周縁から照射するＥＵ社会』（共著）（世界思想社、2012）「共生のかたち―外国人集住ニュータウンの諸相―」『人間学研究』８（京都文教大学人間学研究所、2007）

大学と地域社会の連携

持続可能な協働への道すじ

二〇一六年四月十日　初版第一刷発行

編　者　渋　谷　　努

発行者　福　元　満　治

発行所　石　風　社

福岡市中央区渡辺通二—三—二四

電　話　〇九二（七一四）四八三八

ＦＡＸ　〇九二（七二五）三四四〇

印刷・製本　シナノパブリッシングプレス

価格はカバーに表示しています。

落丁、乱丁本はおとりかえします。

*価格は本体価格（税抜き）で表示しています。定価は本体価格＋税です。

成 元哲 編著　牛島佳代／松谷 満／阪口祐介

終わらない被災の時間

原発事故が福島県中通の親子に与える影響《ストレス》

放射能と情報不安の中、幼い子供を持つ母親のストレスは行き場のない怒りとなって、ふるえている――。避難区域に隣接した中通り地区に住む母親を対象としたアンケート調査の分析と提言

1800円

中村哲

医者、用水路を拓《ひら》く　アフガンの大地から世界の虚構に挑む

養老孟司ほか絶賛。「百の診療所より一本の用水路を」。数百年に一度といわれる大旱魃と戦乱に見舞われたアフガニスタン農村の復興のため、全長十数キロに及ぶ灌漑用水路を建設する一日本人医師の苦闘と実践の記録

【4刷】1800円

富樫貞夫

水俣病事件と法

水俣病問題の政治決着を排す一法律学者渾身の証言集。水俣病事件における企業、行政の犯罪に対し、安全性の考えに基づく新たな過失論で裁判理論を構築、未曾有の公害事件の法的責任を糺す

5000円

石牟礼道子全詩集

はにかみの国

*芸術選奨文部科学大臣賞

石牟礼作品の底流に響く神話的世界が、詩という蒸留器で清冽に結露する。一九五〇年代作品から近作までの三十数篇を収録。石牟礼道子第一詩集。入魂／原初よりことば知らざりき／花がひらく／乞食／涅槃／鬼道への径ほか

【3刷】2500円

阿部謹也

ヨーロッパを読む

「死者の社会史」、「笛吹き男は何故差別されたか」から「世間論」まで、ヨーロッパにおける近代の成立を鋭く解明しながら、世間的日常と近代的個に分裂して生きる日本知識人の問題に迫る阿部史学のエッセンス

【3刷】3500円

ジェローム・グループマン

医者は現場でどう考えるか

美沢惠子訳

「間違える医者」と「間違えぬ医者」の思考はどこが異なるのだろうか。臨床現場での具体例をあげながら医師の思考プロセスを探索する医療ルポルタージュ。診断エラーをいかに回避するか――この問題は、患者と医者にとって喫緊の課題である

【5刷】2800円

*読者の皆様へ　小社出版物が店頭にない場合は「地方・小出版流通センター扱」か「日販扱」とご指定のうえ最寄りの書店さんにご注文ください。なお、お急ぎの場合は直接小社宛ご注文くだされば、代金後払いにてご送本致します（送料は不要）。